台灣超越日本真的嗎？

台日社會文化多樣交流的觀察與思索

野島剛
NOJIMA TSUYOSHI

鳳梨×便當×台積電

作者序

台灣超越日本，真的嗎？

我很少投資股票，除了覺得要緊跟股市行情很麻煩之外，也沒有時間天天看股市。有關資產運用，我只有將錢放在幾間銀行做定期存款，但因爲零利率，這二十年來就只是將剩下的薪資自然地當作存款增加而已。對於熱衷投資的台灣人來說或許會覺得這樣很可惜，但其實有很多日本人都跟我一樣是「定期存款族」。

即使如此，我也曾經覺得偶爾買張股票也不錯。二〇一〇年朝日新聞特派員的工作結束後，從台灣回日本時，帳戶裡剩了不少台幣。大多數有日本企業駐台經驗的人，通常會將台幣換成日圓後再回日本。但因爲我希望將來還能繼續從事台灣相關工作，並且也得知外國人如果沒有居留證的話，要開銀行帳戶與證券帳戶相當困難。因此我決定乾脆不解除帳戶，拜託在證券公司上班的台灣友人幫我「隨意購買幾張有未來趨勢的股票」。

在這之後，我幾乎沒有關心過帳戶裡的餘額，直到二〇二三年看到「台灣股價創下歷史以來最高紀錄」的新聞時，才到證券公司刷存摺查看。但原本的存摺已不能使用，所以辦了一本新的，這段期間究竟有多少獲利我完全不得而知。殊不知一看到金額時簡直不敢相信，將金額換算成日圓後，印象中大概是二〇一〇年的五倍之多。當然這也是因爲日圓貶值＝台幣升值及台股上漲的關係。這十幾年來，我在台灣的媒體專欄上寫文章的稿費總額也遠遠不及這個金額。說實話，我突然有種這十多年的作家生活白忙一場的空虛感，不過能獲得更多的金錢當然也很值得開心。而就在這一刻，我切身感受到台灣的經濟成長。

日本經濟曾出現「失落的二十年」。這段期間指的大約是從一九九〇年前後的泡沫經濟破滅開始，直到二〇一二年安倍晉三擔任首相之前。在這之後，即出現大家常說的「安倍經濟學」使日本經濟看似有所復甦。股價確實有上漲，日圓貶值也帶動出口產業使之活絡起來。只不過，物價並沒有上漲，也仍持續維持零利率之下，日本人依然不知道能將存款運用在何處。

我大約每一到兩個月會前往台灣一次，在台灣都會停留一至兩周，這段期間我會到處採訪、調查以及和朋友見面。其中特別期待的就是品嘗台灣美食，台灣的魅力就是能輕鬆地吃到平價美食。以前日本吉野家有個宣傳用語是「便宜、快速、美味」，而這句台詞正好能展現出台灣美食的魅力所在。

然而，最近台灣小吃的價格也大幅上漲，普遍都會超過百元以上。一百元台幣相當於現在的五百日圓。以早餐舉例，在我台灣住家附近的豆漿店，通常我都會點「冰豆漿、油條一根、鮪魚蛋餅、韭菜水煎包」，價格剛好一百元。在日本松屋點「牛丼早餐套餐」也差不多五百日圓左右。小吃店的價格相較起來雖然差不多，但如果是高級餐廳與特色咖啡廳的話，普遍印象中台灣價格大部分都壓倒性高過日本價格。

「日本很好買」、「去日本很划算」、「日本什麼都便宜」……

走在銀座街道上，可以聽到來觀光購物的台灣人開心地說著這些話。聽到這些話，日本人的心情就會變得五味雜陳。當然台灣人並沒有惡意，以前日本人也曾經對台灣說過這樣的話。因此，我才會認爲「日台逆轉」已是顯而易見的事實。

台灣實力上升的同時，「受到日本人崇拜的台灣人」也增加了。在今年五月卸任的民進黨蔡英文總統，大多數日本人也都認識她。以前爲日本人所知的台灣領導者只有蔣介石和李登輝。而像蔣經國、陳水扁、馬英九的話，則是要對國際情勢有一定程度理解的人才會知道。

相對的，任職八年總統的蔡英文在日本變得相當有名。在日本曾出版過四到五本有關蔡英文的書籍。然而關於陳水扁與馬英九的書籍卻一本都沒有。另外，唐鳳也是在日本非常知名的台灣人之一。試著在亞馬遜書店搜尋唐鳳的著作及書名有出現唐鳳名字的書籍，共有十五本之多，這個出版量絕對比在台灣還多。特別在疫情期間，唐鳳的熱潮相當驚人。我也經常收到電視台「請您談論有關唐鳳的事情」的邀約。實在要感謝唐鳳讓我有多賺通告費的機會。

日本對台灣社會的尊敬程度也提高了。最主要是因為台灣選舉的投票率以及同性婚姻合法化的關係。無論是投票率或同性婚姻合法化，日本都遠不及台灣。

台灣的投票率很高，二〇一

（在日出版的唐鳳書封面／作者提供）

六年投票率有六十六%，之後每次也都有超過七十%。二〇二四年一月的選舉，我預測投票率大約是六十五到七十%以下，結果竟然超乎預期達到七十一%。我認爲台灣特別厲害的地方在於，年輕人的投票率很高。在台灣並沒有合計各年齡層的投票率，不過，根據研究得知年輕人與高齡者的投票率並沒有很大的差異。日本則有政府統計過，年紀愈小投票率明顯愈低。國政選舉整體投票率約五成左右，像我一樣五十幾歲的人六十%，二十幾歲的年輕人約三十%左右。台灣年輕人若不去投票，大家會覺得很奇怪，相反的日本年輕人則是去投票的話會受到異樣眼光。

有關投票與同性婚姻合法化的關鍵，我經常在給年輕人的演講中提到的，那就是台灣之所以能通過同性婚姻合法化法案，是因爲台灣年輕人投票率高的原因。

事實就是如此。在台灣贊成同性婚姻的人也並非絕對壓倒性多數。提出這項法案時，因傳統儒教家庭觀念而反對的年長者引人關注，我的LINE也曾收過各種長輩圖令我啞口無言。經歷重重曲折難關，同性婚姻才得以合法化，當然這也是民進黨所給予的承諾，年輕人也因此將票投給蔡英文。假如沒有通過同性婚姻，下次的選舉民進黨可能就會流失年輕選票。雖然這樣說會理解成蔡英文政府是以政治意圖推動同性婚姻，但也不可否認，畢竟這就是民主主義。政治家與政黨是爲了兌現選民願望而存在的，換句話說，也是他們爲實現選民願望的工具。這即是民主主義的眞諦，台灣人民對這點非常清楚。

實際上在日本的民意調查中，有超過半數的人贊成同性婚姻合法化。特別是年輕世代的支持率非常高。但是卻完全無法通過合法化法案，其中原因會是什麼呢？這是因爲年輕人對日本的執政黨自民黨相當冷感，而年輕人之所以冷漠的原因，就是因爲自民黨的支持者，主要多爲反對同性婚姻的高齡族群。

所以我會跟我的學生說，一定要向台灣學習，投票才能實現年輕人的想望，想實現願望就必須投票。每當我這樣說，每位年輕人臉上就會浮現「原來如此」的表情，爲此我都非常期待每一次的演講。

只不過，即使將這樣的訊息傳遞給日本人，但我並不認爲如此就能確實廣傳至社會各角落，最終也僅有少數人能夠理解。然而，「日本必須向台灣學習」這樣的想法，在這一兩年更加徹底穩固，其中我認爲台積電功不可沒。

日本政府決議給予台積電一兆三千億日圓的補助金。二〇二三年度日本稅收大約七十幾兆日圓，也就是說有五十五分之一投資在台積電。如果日本人口以一億三千萬人計算，相當於每人負擔一萬日圓，可說是相當可觀的金額。針對給予海外企業有如此鉅額的投資行爲，當然要日本人接受也實屬不易，在社群平台上也有「沒有其他可運用這筆資金的地方嗎？」、「應該要支援日本企業才對」的意見。但這些反對聲音也僅止於此，最大的原因就在於接受了「沒有台灣＝台積電，日本人就無法復興半導體產業」的事實。

日本人曾經最引以爲傲的就是「技術力」。

（作者（右）和台灣半導體專家林宏文在台積電熊本廠／作者提供）

富有職人氣質的日本人堅持追求極致的技術。因此，即使是明治維新後的工業化、戰敗後急速的經濟成長，針對提高技術及製作歐美國家無法完成的商品等事情，日本有個「傳統」，就是要勇於挑戰困難。日本人有個最喜歡的電視節目是NHK的「PROJECT X」，是每週日會播出約一小時的特別節目，節目中會介紹日本企業戰士的成功案例，節目經常會提到的慣例環節就是「這些原以爲無法達成的技術開發，是由這些流著汗水的技術人員們將不可能變爲可能。」

但是，關於半導體技術能力，實際情況是日本人在設計方面落後於美國、製造方面落後於台灣，可說是完全被拋諸腦後。毫無疑問地日本人要在這場競爭中獲得勝利，必須要再次放下自尊，依賴台灣。

日本在「技術」上從亞洲領導國讓位，這恐怕是明治維新以後首次發生。某種程度來說也是場革命。明治維新之後，日本以「和魂洋才」爲主位思考，現在已儼然變成「和魂東才」。

日本與台灣更有特別的歷史過往。當時日本殖民台灣，將近代化與工業化引入台灣。如果要說這全是爲了日本自身利益，那我也無話可說。但日本確實執行了清朝政府沒有做的事情，從衛生、教育到治安上都有很大的改善，我認爲台灣人之所以沒有全盤否定日本的統治也是因爲如此。自一八九五年以來，對台灣人來說日本人就是「老師」與「前輩」，如此延續了超過百年的歷史。然而，這樣的歷史關係被打破，台灣現在反而成爲了日本的「老師」與「前輩」。毫無疑問這就是日台逆轉。

台灣超越日本，對日本人來說要認同這件事似乎不是這麼容易。可能要像我一樣經常往返台灣與日本兩地的人，才會感受到日台之間的變動。在亞洲國家中由日本領頭的「雁行模式」深深影響著日本人的思想。因此，日本人似乎不容易接受其他亞洲國家會超越日本這件事。

經過明治維新，日本人學了西洋的知識與產業的培育方法。自此開始推動工業化，成爲亞洲走在最前端的已開發國家。雖說最後在與歐美的戰爭中戰敗，但日本的工業能力依舊穩健。其關鍵在於工業化並非產業基礎，而是靠著知識力量才得以實現。戰後的日本迅速復興並奪回亞洲已開發國家的地位，直到一九七〇年代都由日本獨占鰲頭。正當日本從勞力密集產業進入資本密集產業，正要再進一步轉爲知識密集與資本密集綜合型產業的過程中，出現了因基礎建設轉型成功進入資本密集產業、緊追在日本之後的亞洲四小龍：台灣、韓國、新加坡與香港。當時，日本原本開始轉型爲知識與資本密集產業，但隨著一九九〇年代泡沫經濟的破滅，也稱爲失落的二十年，導致經濟停滯，就在這期間被其他國家超越。

日本的人均所得輸給了新加坡，又輸給了香港、韓國甚至台灣，可以說亞洲各國已不再是雁行型態，而是如烏鴉般各自飛散，目標方向及各自的戰略與理想皆不同。如今已經是任何國家都在相同條件下，彼此競爭與較量優劣勢的時代。

當然，台灣也仍然還有不少有待進步與發展的地方。

價格上台灣絕對比日本還便宜的，無庸置疑就是交通費。台灣的公車、捷運、台鐵與台灣高鐵等，無論哪種交通工具，票價低廉到有種是不是少付錢的錯覺，甚至會以爲台灣是社會主義國家。雖然不清楚政府是否提供了很多補助，在台灣如果想從事交通相關工作，就必須不考慮薪資，單以「工作價值」爲由獲取工作。台灣交通費的便宜程度也是經常成爲日本人話題的一個「謎團」。

搭計程車起跳價爲七十台幣，在日本則是七百日圓，大約差了一倍。

台灣捷運最便宜的票價是二十台幣，相當於一百日圓。日本東京地鐵票價是一百八十日圓，是台灣票價的兩倍。

台灣高鐵從台北到高雄的對號座票價是一千五百台幣，大約是七千五百日圓。兩者間距離與其差不多的東京到名古屋，搭乘東海道新幹線對號座則大約一萬五千日圓，票價也是大約兩倍。

台灣社會爲什麼追求如此低廉的交通，針對這點尚未有更深入的探討。如果說台灣鐵路與台灣高鐵都是獲利的情況下還能夠理解，但根據我的了解並非如此。雖然僅是個人猜測，但有可能是因爲「選舉」的關係，有機會還想要請教台灣人其背後眞正的原因。

再來就是駕駛的交通禮儀。雖然在本書文章中也有提到，爲什麼在開車與騎車時，台灣人的性格就會變得蠻橫且擅自主張，甚至還會威嚇行人呢？在平時遇到的台灣人身上完全感受不到這種人格，爲此感到非常不可思議。

我也發現台灣人缺乏職人特質，經常換工作。長期專注投入在一件事上、提高能力，或者是一輩子奉獻在同份工作的堅持，台灣人似乎不怎麼在乎。所以也就更難培育出專業人士。出版文化也是同樣道理，能力好且值得尊敬的編輯雖然很多，共同製作一本好書後，才正當我產生了「還想跟這個人合作」的想法時，沒多久這個人不是離職就是轉職到其他出版社了。

還有一點我希望台灣能更好的就是飯店服務態度。

大部分台灣人都相當熱情好客，但是在飯店卻很常見冷淡的櫃檯接待人員。即使房間有問題遇到客訴時，也似乎無法獲得相對應的解決。網路速度較慢的飯店也很多，這樣就算了，房價還很貴。因而到台灣其他城市出差時，雖然很想直接找個地方住，但最後還是選擇搭高鐵回台北。這是我在台灣飯店感受不到與價格相符的服務的原因。

再來提到立法院。執政黨與在野黨吵架就我個人視角其實別有趣味。在當立法委員的友人受傷時，我也會傳LINE關心他「你還好嗎？」。只不過，稍微退一步思考之後，這些狀況實在有損國家形象。對台灣不是很了解的日本人，在電視上看到今年五月到六月台灣立法院發生的衝突時，說了一句「台灣跟以前完全沒變」。雖說事實並非如此，但卻因此產生了這樣的印象。是否能展現出更多依循議會規定下的討論與決議通過的樣貌呢？台灣擁有悠久的議會政治歷史，立委選舉比總統選舉更早舉行。由於有了三十年以上的歷史，無論誰是在野黨與執政黨，都必須確立相當的規範與禮儀。

日台關係從古至今經歷了許多複雜又跌宕起伏的歷史。一八九五年至一九四五年，在殖民地統治與被統治的關係之下，日本將自身的現代化經驗引進台灣，有利於台灣社會。但同時，日本為了加強管理，以武力鎮壓人民的聲音，也犧牲了很多人的生命。

二次大戰後，日本離開台灣改由來自中國的中華民國接收。這當中日本政府為了反共政策，一九五二年簽訂了《中日和約》，日本與台灣（中華民國）建立邦交，共同作為美國的亞洲戰略成員，成為一起對抗共產主義的夥伴。然而在一九七二年日本與台灣斷交，結束外交關係。雖然短期間日本與台灣的關係疏遠了，但在經濟上持續互有往來，人民之間的互動也從不間斷，彼此的感情也相當好。相較於韓國與中國（當然不再討論北朝鮮與俄羅斯）等鄰近國家，日本人對台灣有著非常特別的好感。

整體來說，更早開始發展的日本是「前輩」，台灣則相對是「後輩」的對應關係。但是，如同前面所提到的，最近因爲半導體、民主主義與社會力量等因素，讓人感受到反而是台灣領先日本的機會更多了，因此感受到「日台逆轉」的機會也正在增加，面對這樣的好事，我當然是給予肯定且坦然接受。除了能鼓勵日本人要多努力別輸給台灣之外，還有就是像我早期到台灣留學後，因爲喜歡台灣，在日本不斷強調台灣很棒、很有意思的人，總算感受到日本人對台灣終於有了正確的認知、承認以及尊重。

我想今後日台之間也還是會維持著亦敵亦友的健全關係吧。爲了十年後能夠滿懷自信昂首挺胸的「日台再逆轉」，日本人也必須付出更多努力才行。

目錄 CONTENT

作者序——台灣超越日本，真的嗎？ 002

讓日本人著迷的台灣魅力 021

美味的台灣鳳梨讓日本人也搶購 022
台灣高鐵便當變好吃了！台日合作戲劇《路》勾起我的搭車回憶 028
故宮如何找回流失的國際觀光客 034
體驗騎 YouBike 上路，台灣真的是行人地獄嗎？ 040
台灣除了故宮、九份、小籠包，還有什麼能吸引日本人？ 047
我帶日本學生訪台，為何不去鼎泰豐？ 054
留台日生激增！「台灣華語」正取代「中國語」 060

從小說到棒球「二刀流」，未來將換日本人哈台——067

台裔作家李琴峰成功反攻日本小說市場 068
大谷翔平前的「二刀流」始祖——台灣吳昌征的棒球偉業 075
為何台灣棒球選手無法在巨人隊成功發展？ 085
宮崎駿的最後作品好看嗎？ 093
被台日遺忘的小說家——邱永漢 099
被台灣人深愛的志村健 106
九州迎來半導體產業，台積電是怎樣的公司？ 115

守護台灣民主與自由的一代——121

台港新生代人物旋風風靡日本 122
把台灣的事變成日本的事 129
台灣親美又疑美，日本不懂的情仇 136

延續台日情誼，台灣新外交急需「脫安倍派」 143
後疫情時代的台日關係轉變 150
國際漏看台灣民意——我認為中國會加強「投資」柯P 159

台日不一樣的小地方——165

名古屋台灣人研發出「台灣沒有的台灣拉麵」 166
誤以為只要加辣就是台灣料理的日本人 176
台灣人適合當CEO，日本人適合當CFO 182
安倍晉三遇刺身亡，為何台灣比日本更悲痛？ 188
台灣鐵道族為什麼不愛我的家鄉便當？ 196
日本國鐵改革——台鐵可以由此借鏡 202
台日自行車文化大不同 210
TSMC的T，為何不是東芝的T？ 216
希望台灣別變成《極度不妥！》的日本 223

讓日本人著迷的台灣魅力

現在，說到日本的台灣水果，芒果、荔枝、柚子都很知名。只要讓日本人漸漸品嘗到台灣水果，更熟悉這份美味，日本也許就會成長為最大出口國。

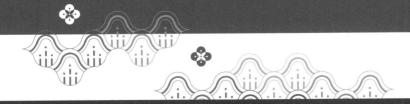

美味的台灣鳳梨讓日本人也搶購

◓ 鳳梨「自殺」跟「他殺」是什麼意思？

過去幾週，日本朋友問了我好幾次這個問題。日本媒體報導了中國禁止台灣鳳梨進口的新聞，台灣的鳳梨文化因此成爲熱議話題。自己切鳳梨的「自殺」，以及請店家幫忙切的「他殺」，兩種說法對台灣人來說很平常，但日本人覺得「殺」這個字很可怕，所以非常好奇。

我在台灣生活的時候，發現台灣鳳梨的柔軟和甜度很迷人，從此成爲鳳梨愛好者。住台灣時養成了喝「蔬果汁」的習慣，現在，我每天早上都會把番茄、蜜柑、蘋果、生薑和鳳梨一起放進果汁機，打成蔬果汁來喝。雖然以前我是在超市買一整顆鳳梨，但買到的都是菲律賓的鳳梨，幾乎買不到台灣鳳梨。

這一個月*，我在日本看到跟台灣有關的新聞，不是福原愛就是鳳梨。中國暫停進口台灣鳳梨，日本人為了幫助台灣就展開行動，購買台灣鳳梨。這是基於近期日本人對於台灣的好感所觸發的消費行動。此外，三一一地震時，台灣捐助日本巨額捐款至今十週年，剛好遇到日本人要對台報恩的情感較為強烈的時刻，我想也與此有關。

◓ 水果向來是政治問題

聽說台灣生產的鳳梨，出口中國的佔比約十％。最近出口日本的增加量能否補足中國市場的損失，這點我沒有確切數據。但如果台日可以合作抵抗中國的壓力，是令人痛快的大事，未來若是台灣或日本受到中國禁止進口的壓力，或許也可以依此找到策略來抗衡。

*本文撰寫於二〇二一年。

事實上，水果跟政治緊密相關，因爲水果是國與國之間貿易交換的「經濟作物」，也是出口國賺取外匯的「出口商品」。日台關係從歷史上來看，幾乎可以稱之爲「水果政治學」，水果向來是政治問題。

鳳梨跟番茄一樣，原產地都在南美洲。鳳梨的外型如松果（pine），味道與蘋果（apple）相近，因此被稱爲鳳梨（pineapple）。鳳梨的口味酸甜兼備，果肉份量大、營養價值高，很快就登上全世界的餐桌。但由於採收之後沒辦法長久保存，因此在物流技術發展前，多以鳳梨罐頭爲主。一開始，看準台灣可能成爲鳳梨罐頭生產重鎭的，就是日本人。

二十世紀初，日本統治台灣時，也開始研究台灣可以培育哪些水果。當時選中的，就是鳳梨跟甘蔗。甘蔗用來生產砂糖，而鳳梨則是爲了做成罐頭出口全球。

台灣第一座罐頭工廠，於一九〇二年在高雄鳳山完工。隨著產量漸增，鳳梨罐頭也不只出口到日本，而是全世界。繼砂糖、稻米之後，台灣鳳梨也成爲主要產業。

水果王國的起點

當時，製糖產業是由總督府主導，但鳳梨產業不一樣，是台灣的農家和中小企業積極參與，和「鈴木商店」等日本企業競爭。台灣的氣候非常適合鳳梨生產，也是台灣今日成爲水果王國的起點。

有趣的是，在沖繩石垣島等地擴大鳳梨生產的，也是台灣人。現在在沖繩的第三、四代台灣華僑，有些人的祖先是移民而來的鳳梨農。他們在戰後大量生產鳳梨，「出口」到日本本土。爲了保護沖繩的鳳梨產業，台灣鳳梨出口到日本有所限制，反而增強了台灣香蕉進口日本的優勢，因此造就許多台灣的香蕉富豪。具有台灣血統的日本政治家蓮舫，她的祖母就被稱爲「香蕉女王」，和宋美齡關係密切。

這次台灣鳳梨的事件，促使幾個問題浮上檯面，值得思考。

第一，儘管蔡英文從二〇一六年開始宣示南向政策，但台灣水果對中國市場的依賴至今沒有好轉。此外，台灣推動水果出口日本，但至今仍禁止福島五縣的農產品進口。這次的文章，暫且不針對這些問題詳細論述。但我希望大家記得，鳳梨問題是兩岸「冷對抗」的結果，而水果總是很容易轉化爲政治問題。

◓ 蓮霧、鳳梨都來日本吧

總之，我個人希望，可以在日本更容易買到好吃的台灣鳳梨。即便價格稍高，只要能便利地買到台灣鳳梨，我自己以「自殺」來處理，每天早上打成蔬果汁。餓的時候，還能當作零食墊墊肚子。現在日本賣的菲律賓鳳梨，一顆三〇〇日圓（約八十台幣），就算台灣鳳梨售價六〇〇日圓，我還是會買。即便價格稍高，最重要的還是能在日常的超市裡買到，因此進口商品數量的成長是不可或缺的條件。

台灣水果以香蕉爲代表，過去在中南美、東南亞產的價格戰中敗北，在戰後逐漸退出日本市場。但最近新冠疫情的關係，大家在家吃飯的頻率變高了，也更願意花錢在飲食成本。即便價格稍高，日本消費者也更願意選擇美味食材，我看，台灣鳳梨頗有機會勝出。

現在，說到日本的台灣水果，芒果、荔枝、柚子都很知名。最近有時也會看到棗子、釋迦，但我個人非常希望蓮霧也能進口日本。對此，我有個好點子。台灣政府應該在銀座開一間台灣水果中心，仿照日本北海道、熊本縣等地方政府在銀座打造特產館來提高知名度的成功經驗。只要讓日本人漸漸在台灣水果中心品嘗到台灣水果，更熟悉這份美味，日本也許就會成長爲最大出口國。

最近，在台灣的日本朋友好心寄了金鑽鳳梨給我，我立刻「自殺」來品嘗。很甜，比菲律賓鳳梨好吃很多。我們日本人，都衷心期待台灣水果深入日本市場。

台灣高鐵便當變好吃了！

台日合作戲劇《路》勾起我的搭車回憶

近日作家吉田修一暢銷小說《路》改編的日劇，在日本NHK和台灣公視同時播放。在日本，收視率創下歷史新高，引起很大的討論。小說非常有趣，所以我帶著些許期待，以及會不會無法傳達原作的擔憂，看了這部電視劇。

以電視劇來說，我給它七十分，可能不是非常厲害的傑作，也不算失敗，就是及格之作。

通常，兩國合拍的作品，不管是電影或電視，都時常遭逢不順，因爲生長於不同世界的製作團隊，共同拍攝的過程中，作品的連貫性必會有所動搖。

◓ 有人情味，可惜少深度

其實，不可否認的，這部電視劇有幾個缺點。比方說，爲了盡量讓台日雙方參與演出的演員都能露面，感覺劇中塞入太多大場面，過度描繪景色，想必是台灣這邊出於觀光的考量吧。可惜的是，爲了拍攝景色，就會犧牲人物與劇情的深度。

即便如此，這三集看下來確實是充滿人情味，傳達出爲了把新幹線帶到台灣，台日之間人與人的深厚交流。製作方想傳達的訊息很明確，可以放心觀賞。

此外，日治時代告別家鄉的台灣人，和在台灣出生的日本人之間的故事也很好。楊烈的演技很棒，我看到流淚。飾演台灣高鐵副社長的梁正群，長得帥、演技又好，在日本得到很多女性粉絲支持，一面倒的好評。整體來說，我覺得台灣演員演技非常自然，也許是因爲在台灣拍攝的關係吧。

對於台灣高鐵，我也有一絲情感。

我曾創造車上巧遇

二〇〇七年，我就任《朝日新聞》台北特派員的時候，台灣高鐵剛開始營運。因為正好碰上台灣總統大選前一年，我時常下去中南部，幾乎每週坐高鐵。對我來說，台灣高鐵充滿了我在台灣採訪的回憶。我瞄準台灣重要政治家搭著高鐵移動的時候，坐在他們的商務車廂裡，用「好巧喔」的謊言來開啓話題，好幾次順利完成採訪。

起初，台灣高鐵的服務感覺都還在訓練中。儘管有些原則尚未確立，但準時運行這部分令我印象深刻。台灣的工作人員也讓我感覺，打造這麼棒的高速鐵路，是台灣的驕傲。當初，偶爾會看到外國駕駛員，但後來就都是台灣人了。

當時搭上高鐵後，狹窄的台北車站月台讓我大吃一驚。本來，要用地下空間打造兩個高鐵月台就很困難，沒辦法做出寬廣的設計。我在報導中寫道，為了不讓乘客擠在月台，就採用另外的方式，讓乘客留在月台樓上的候車室，直到列車到站前再下樓到月台。

我想，採用日本新幹線的車體，是前總統李登輝做出的重大決定。現在台灣高鐵已是台日合作的象徵，也拍成了電視劇。一想到這裡，身為日本人的我就覺得非常感謝，因爲台灣選擇採用日本的車體，甚至還導致德法合組的歐洲高鐵聯盟不滿。

歐洲的系統搭配日本的車體，在全球高鐵界前所未見。歐洲和日本的對立，一波未平一波又起。這也是台灣高鐵啓用時間延後的原因之一。我想，這與日方太想要套用新幹線的運作方式也有關係。因爲對日本人來說，新幹線的成功已經成了神話，不希望出現任何改變。

這段台灣高鐵化爲現實的過程，在目前當事人的親筆紀錄裡，就屬田中宏昌的日文書《南島的新幹線：鐵路工程師的台灣技術合作奮鬥記》最爲詳細。他以ＪＲ東海副社長的資歷，出任台灣高鐵技術指導，是最清楚內情的人了，他也在二〇一八年出版的此書中，詳盡記錄這段過程。

據他所說，新幹線是全世界第一條高速鐵路，至少四十年歷史。在多雨、多山、多地震的日本，演化出最適合如此自然環境的系統，「日本的條件和環境都和台灣十分相似，我相信日本新幹線系統最適合台灣。」

結合歐日的台灣獨創

另外，電視劇中提到一種說法，「台灣的新幹線不是日系或歐系，而是台灣原創。」我在搭台灣高鐵的時候，雖然感受到指認呼喚（即以眼望、手指、口誦、耳聽來集中精神，減少失誤的做法）是日式的作風，但車站的結構、運作方式都很歐系。

《路》裡也演出，使用日本製的車體時，要不要跟日本的車長室一樣開窗，日本和歐洲的經營者也曾起過爭執。最後，雖然台灣高鐵的車長室沒有開窗，但運作上也沒有產生問題。

不過，台灣高鐵還是使用了日本式的指認呼喚。所以不一定要事事學日本，只要擷取關鍵就好，這可以說是台灣特有的方式。

台灣高鐵啓用至今超過十年，訂票的便利性遠遠超越日本，ＩＴ化的進度差距愈來愈明顯。工作人員的服務也大幅進步，準時的程度比例之高，也超越日本。

台灣的現代交通體系根基穩固，足以向世界誇口。

雖然現在高鐵便當的美味程度還比不上台鐵便當，但是我個人覺得，現在的口味已經比當年啓用時的狀況大幅提升。

我聽說，本來財務狀況就很困難的台灣高鐵，因碰上新冠病毒，導致旅客人數下滑，經營問題更加嚴峻，我只能祈求這個台日合作的結晶未來發展順利。

我個人的渴望是，將來能從高雄到屏東、台東、花蓮、宜蘭，最後回到台北，實現高鐵環島的願望，不過，這是很久以後的事了吧。

故宮如何找回流失的國際觀光客

二〇二三年十月底，我以故宮博物院的外籍諮詢委員身分訪台，參加長達三天的會議。在這場會議中，我實際感受到從故宮同仁到我們這些諮詢委員之間，已經形成下述共識：

故宮的館藏以中華文化相關文物為主，著實已成為台灣引以為傲的寶物。就如同「中華民國台灣」成為現今台灣社會的共識一般，「台灣的故宮」的定位，也可說是確定下來了吧。蔡英文政府對於故宮的政績，是讓故宮一定程度實現了「去政治化」，我想二〇二四年五月她卸任時，或許可以如此總結。

過去陳水扁與馬英九執政時代，故宮的定位問題曾被反覆爭論，館方人員也隨之被左右擺布，疲憊不堪。

無論藍綠雙方，都曾把故宮當成沙包般攻擊。但故宮畢竟是政府機關，員工身分是公務員，思考模式難免趨於保守，也因此不易主動改革。

我的願望是，對於故宮勇敢而大膽地改革和策展，台灣社會能全力支持。或許過程中有些失敗，但這是為了往前邁進所造成，不宜責備他們。希望大家能給予故宮館方這樣的安心感。

◓博物館新功能：觀光

故宮是個很特殊的博物館，它的特別之處在於外國參觀者人數遠遠超過國內參觀者。因為故宮在國際間有非常高的知名度，即使什麼都不做，也會有參觀者來訪。但往後必須轉換營運方針，打造能「迎接觀光客前來」的服務。

新冠疫情與兩岸關係惡化，導致外國及中國參觀者大幅減少。國民黨執政時期曾有過每年五〇〇萬人次參觀，當中國與其他外國觀光客無法前來之後，參觀人數驟降至不到一〇〇萬人。到二〇二三年九月時雖然已回復至一一〇萬人，但往後中國觀光客是否回歸，還是未知數。

而參觀人數僅次於中國的日本人，也因爲日圓貶值，赴台觀光人數恢復速度緩慢。

取而代之快速成長的是韓國、東南亞各國的觀光客，爲了迎接這些參觀者，故宮必須加強韓語、泰語等服務。

同時，全球已普遍把博物館及美術館列爲觀光旅遊景點，因此博物館除了原本需具備的展示、保存、教育三大功能，今後必須再增加第四個功能：觀光。因爲觀光發展成功，才能活化展示、推進教育，並籌措保存的費用。

在這層面上，故宮作爲景點還有努力空間。我會議中的建議是，這裡可入駐新潮咖啡廳，例如星巴克；並希望能設置「I Love 故宮」的看板和翠玉白菜的玩偶，讓大家拍紀念照。此外，故宮很難叫計程車，門口排班的計程車，如果目的地距離太近可能會拒載。而故宮晶華和三希堂的餐點固然美味，但如果有日本料理或義式餐廳也不錯。

故宮與市中心有段距離，既然特地來訪了，在兩小時的參觀之後，希望能讓訪客再多留兩小時，在這裡用餐、喝茶、購物、休閒。

過去，台灣觀光行程會把故宮列爲半日遊景點，但人們對故宮的記憶僅止於「看了收藏品」，無法成爲難忘回憶，也很難拍紀念照分享到社群網站。希望能打造網紅會爲了拍影片而前來故宮的時代。

另外，日本高中生會出國校外教學。在會議期間，就有來自北海道、一天約幾百人的校外教學團到故宮參觀。雖然日本觀光客整體人數減少，但校外教學等固定的團體訪客，是可以期待的長期市場。

◐ 經營校外教學團客

因此我提議，故宮可針對高中生製作日語介紹手冊，發送給疫情前曾組團來台的學校。因爲日本高中老師之忙碌，彷彿待在黑心企業，老師的時間非常有限，如果有日語手冊詳介在故宮可學到什麼，作爲學生參訪前預習的教材，如此一來，老師也一定會繼續把故宮列入台灣的參觀景點吧。

上述提議都只是參考意見，施行與否最終交給故宮決定。不過，近年來館方眞的非常努力，不管是跟青少年交流、與學校合作、打造無障礙空間等，我聽了這一年來執行的各種業務報告，深受感動。

◓ 宣揚「這裡有國寶」

爲了讓這些努力發揮效用，希望故宮能盡其所能地打造優質展覽與服務。舉例來說，我造訪故宮時，剛好是能配合雙十節展示最珍貴館藏的時機，但「國寶」、「重要古物」的註記文字卻小到幾乎看不見。

人們對於國寶一詞總是懷抱憧憬，既然如此，希望能以大而清楚的文字呼籲大家「這裡有國寶，不看是你的損失喔！」改革，就是從小地方做起的。

一年後的二〇二五年，是有雙重紀念意義的一年。故宮一九二五年誕生於北京，文物搬遷至台灣後，一九六五年在台北建造了台版故宮，如今將滿一甲子。一〇〇年和六十年，無須刻意只慶祝任何一方。

故宮誕生於中國是事實，接著因爲歷史的偶然來到台灣，成爲台灣人的驕傲。這個作爲收藏場所的博物館誕生後，過了六十年。無論哪邊都是很了不起的事。

我認爲兩邊都可以慶祝，不需要以意識形態爭論。台灣擁有故宮這個文化殿堂，除了幸運以外再無其他。正因如此，期盼二〇二五年是向內外宣告決心，要持續守護故宮的一年。

在諮詢會議中，蕭宗煌院長問我，能否寫一本關於故宮百年的書。其實我在二〇一五年曾出版《故宮90話》一書，紀念故宮成立九十週年，集結了九十個關於故宮的故事。我回答院長，希望再追加十個新故事，於二〇二五年推出新版《故宮百話》。

體驗騎 YouBike 上路，台灣真的是行人地獄嗎？

上一次專欄，我針對台灣觀光提出了一些觀點。這篇文章被許多人閱讀，也有負責觀光業務的政府官員和旅行業者對我表示：「你寫得太悲觀了。」

實際上，我撰文的意圖並非悲觀看待台灣觀光產業，而是旨在點出「台北以外有許多優異的觀光資源，希望能多宣傳這些部分，規劃成商品，讓日本人能夠玩得盡興」，並提供了很多建設性意見。

但是，我還忽略了一個重點，那就是台灣交通對外國人的危險性。

二〇二三年九月上旬，我爲了宣傳新書《中國的執念》，在台灣待了約十天。這段期間，我盡可能使用 YouBike 作交通工具，就是爲了再次檢驗台灣交通的安全性。

有一天傍晚，我在松江路上騎著YouBike做了從南往北走的實驗。我騎在政府規劃的人行道上的自行車路線，然而，騎到巷口時，常有汽機車快速衝來，迫使我不得不緊急煞車，籃子裡的背包都差點掉出來了。

如果我自己沒有煞車，感覺上至少就有三次可能導致生命危險。每次遇到狀況時，我腦子裡總會浮現一句話：「請問，人行道上，不是行人優先嗎？」

◓ 日本朋友來台灣玩，我一定告誡小心車

實際上，在台灣就和在越南或菲律賓一樣，即使走在路上也必須繃緊神經、時刻注意。

如果台灣想變成觀光大國，無論是台北、台南還是高雄，都必須打造成讓行人或自行車騎士都能安心的環境。邀請明星代言宣傳台灣魅力是很好，但交通安全也可以成爲觀光資源。

提到日本旅行的優點，許多外國人除了「乾淨」、「親切」，也會舉出「交通安全」。

至於台灣的魅力，我想沒有一個外國人會說是「交通安全」吧。因爲交通不安全，反而有人認爲高齡長輩最好不要去台灣玩。

而且，連日本台灣交流協會，都在官方網站上詳細解說台灣交通的危險性，呼籲日本人旅行者要提高警覺。應該有不少日本人實際遇到事故，才會寫這個吧。

最近我常常對準備去台灣的日本高中生、大學生演講，我總是告訴他們，台灣的民主、性別平等和半導體產業都比日本先進，這些部分應該向台灣學習。

但是，我還要提醒他們，「台灣人眞的都很親切，台灣的食物也很美味，經濟高度發展，是個很棒的國家。不過，只有交通這一點，一定要小心，和日本非常非常不一樣。」

現在世界上的旅行趨勢，已經不是團體旅行，而是個人旅行。每個人自己規劃路線，自由地漫步於異國街頭。

但是，對於要來台灣旅遊的日本朋友，我一定會告誡他們：「走在人行道的時候不可以邊看手機」、「等紅綠燈時，要跟馬路保持一段距離」、「機車的動線難以預測，一定要隨時注意」、「下計程車時，要小心別被後面騎過來的機車撞到」。

這些是台灣人早已習以爲常的事，但卻不是日本人具備的常識。因爲在日本社會裡，最優先被禮讓的是行人，其次是自行車，再來是機車，最後才是汽車。

最美風景製造行人地獄，台灣的雙重人格

也就是說，日本起碼貫徹了「應該優先保護最弱小的群體」的思想，並且認爲最強大的（汽車）應該最謙虛。

當然日本也並非從以前就是這樣。一九六〇到七〇年代這段時間，曾反覆經歷多次的「交通戰爭」，警察與政府拚命地對人們宣傳交通安全的觀念。

我小時候每年都有交警來學校上交通安全課程，校長在朝會再三呼籲，「車子就是獅子，小心別被牠咬了！」

這樣努力的結果是，日本交通事故每年持續減少；另一方面，台灣交通事故卻是呈現增加趨勢。台灣與日本的經濟水準和社會制度幾乎相仿，如今差異大概只剩下交通安全了吧。

雖然「台灣最美的風景是人」，但「人」一旦上了車，卻製造出「最不美的風景」，也就是行人地獄，或許台灣人有雙重人格？

大衆開始關注，重點在改變價值觀

民進黨執政七年沒解決交通安全問題，不過最近大家也開始關注了。交通部和警察開始努力，民間團體也呼籲要保障行人安全。我覺得這是非常棒的事。

我相信台灣社會自我改革的能力，其中最重要的，是每一個人如何看待這件事。

我認爲，重點終究在於人們能否擺脫「有車＝有錢有地位＝優先」這種舊時代的「汽車優先」價值觀。這是國民教育問題，也是生活方式是否文明的問題。

我很喜歡一部人氣漫畫《勿說是推理》，這部作品被改編成電視劇，也在台灣播映過。主角說的一段話常常出現在我的腦海裡：

「大家不覺得很不可思議嗎？飛機或火車事故，只要有一人死亡，就會造成莫大騷動，成立安全委員會，調查事發原因。但交通事故常常發生，死亡人數也遠高過飛機或火車事故，卻沒有對此做出改善對策。這是爲什麼？」

交通事故死亡人數看起來只是無聊的數字，但每一個人的背後，都有突然聽聞死訊的家人和朋友的悲傷，以及人生突然被迫中斷的死者本人的哀鳴。

希望大家開車的時候好好地想一想這些。我也有一名珍貴的日本朋友，以及一名珍貴的台灣朋友，因爲台灣的交通事故而離開人世。

在日本，警察署長會因爲交通事故增加而下台，在台灣則似乎不受影響。警察出身的侯友宜先生如果提出向交通戰爭宣戰的政見，支持率或許會更上升吧。

台灣除了故宮、九份、小籠包，還有什麼能吸引日本人？

台灣在二〇二三年提出了訪台外國觀光客要達到六〇〇萬人的目標，訪客數字正在增加中。但是，我所認識的旅遊業者卻告訴我，「日本的訪台人數並沒有那麼順利成長」，這令我有了不祥的預感。我立刻查詢相關統計。

依據訪台外國人的國籍地區分類統計資料顯示，二〇二三年一到六月到訪台灣的日本人是三十二萬人，排行第二，僅次於四十二萬人的港澳，表面上看來並沒有那麼差。但令人在意的是，與排行第三、三十一萬人的韓國差距不大。

接下來，我查了疫情前的二〇一九年統計資料，這一年日本訪台人數創新高，達到二一六萬人，韓國為一二四萬人、港澳則是一七六萬人，都遠低於日本。對此我忍不住疑惑，難道日本人不再像疫情前那樣來台灣旅遊了嗎？

為了驗證我的疑問，我繼續查詢了日本政府的統計資料。疫情前的二〇一八和二〇一九年，從日本到韓國與台灣旅遊的人數比例大約都是三比二；但是，二〇二三年五月份的資料顯示，赴韓人數是十八萬三千人，赴台卻是七萬七千人，比例約五比二。

台灣旅行不再便宜

受日圓貶值的影響，從前日本人出國熱度並不高，最近海外旅行的人數正逐漸回復中。在這樣的狀況下，能確定的是，相較於前往其他國家，到台灣旅遊的回復力道可能有所疲弱。

我自己每天看日本媒體報導的感受，也是去韓國旅行多於台灣。這或許和日韓政府間的關係正逐漸改善有關，但原因應該不只如此。對日本人來說，旅遊目的地的諸多選項中，台灣的地位可能面臨危機。

日圓貶值和台幣升值，無疑是重要原因。費用高漲的原因還有機票，燃料稅上漲，使機票有時高達十萬日圓，過去來回台北只要五萬日圓以下，旅行達人善用廉價航空，更可能把價格壓到三萬日圓。

整體而言，到台灣旅遊確實變得昂貴。過去「去台灣旅行很便宜又容易」的印象，也使這種漲價的感覺更強烈。

以前在台灣吃午餐，花一〇〇台幣就可以吃得很飽，但最近即使是平民小吃也要一五〇元。不僅如此，一五〇台幣原本大約等於五〇〇日圓，現在卻變成七〇〇日圓。七〇〇日圓的午餐，已經和在日本吃的價格差不多了。

或許台灣人會想，「就算變貴了，如果在台灣玩得開心不就好了嗎？」但我有點擔心，台灣是否是個能享受「高檔旅行」的地方。

從旅行社針對日本人的廣告來看，現在還是以故宮、中正紀念堂、九份這三個景點的組合爲主，看起來並沒有那麼積極開發新的台灣魅力。

實際上，對旅行業者來說，要變更觀光路線既麻煩又增加成本，導遊和司機也不喜歡這種變動。故宮和中正紀念堂容易停靠巴士，九份也已經建設好適合觀光客的設施。

外縣市比台北有變化

不過旅遊資訊發達的現在，觀光地也是需要多樣化的。日本過去是以東京、大阪爲主，之後才加上北海道、九州，如今東北和北陸地區也非常受歡迎。我現在正放暑假，在避暑勝地日光寫這篇文章，這裡也充滿了來自台灣、香港、歐美的訪客。

說實在，台北這十年來並未開發出新觀光資源，反而中南部變化很大。善用往高雄、台南、台中的高鐵，「遠離台北」的觀光趨勢，應該更積極地推廣。

台三線的客家文化、桃園的兩蔣園區，再加上日月潭的三天兩夜組合就很不錯。到宜蘭參觀蘭陽博物館、噶瑪蘭酒廠，享受礁溪溫泉與南方澳海鮮，也是能吸引日本人的行程。

對於台灣的飯店，我也想提出一點意見。漲價沒問題，但有些飯店服務和設備卻沒有跟上，餐廳和咖啡廳的菜色也不夠認真，沒辦法好好在飯店享受。

◓ 小籠包之外更多美食

基於政治上的理由，目前日本人去中國或香港的意願不高。因此，如果對日本人宣傳「想吃中式料理就去台灣」也不錯。台灣有許多浙江菜、湖南菜、東北菜、四川菜等品質不輸台菜的美食，這是因為戰後外省人遷移至台灣，把中國各地的菜式帶進來的緣故。

但是，日本人來到台灣，除了「小籠包」，並不知道還可以品嘗到其他中式料理。明明還有這麼多美食，大家卻錯失了機會，問題重點在於旅遊資訊，這一類的美食資訊宣傳力道是不夠的。

事實上，在日本到處都可以吃到小籠包，卻沒有美味的龍井蝦仁或鱔糊。台灣有著中國各地的飲食文化，若能多宣傳這一點也很好。

另外，推廣運動旅遊也是有商機的。台灣有許多高聳的名山，但是缺乏像富士山一樣能輕鬆登頂的基礎設施。騎自行車環島旅行也在日本逐漸打開知名度，我就常常被問到「騎自行車環島需要準備些什麼？」另外，也有不少日本人到台東或屏東衝浪。台灣擁有多樣化的自然環境，非常適合發展運動旅遊。

而日本人本身也有問題。在日本，擁有護照者僅二十％，台灣則是六十％。如何提高辦護照、出國旅遊風氣，是全民課題。

許多人覺得用英語旅行很困難，幸好台灣某種程度上是可以用日語溝通的，台灣人也習慣應對日本旅客，「日本人第一次出國旅遊要選台灣」，也是很有效的宣傳方向。

我熱切希望訪台的日本人能持續增加，正因爲如此，台灣旅行必須在「划算的週末旅遊」之外新增更多附加價值。

既然過往花費五萬日圓的台灣旅行上漲到十萬日圓，那只要讓人覺得這個漲幅是值得的，就沒問題了。

我帶日本學生訪台，為何不去鼎泰豐？

目前我同時從事作家和大學教授兩種工作，也就是身兼數種身分的斜槓族。通常我都是以作家的身分去台灣，但在二〇二三年二月底，我則是以大學教授的身分，帶領九名學生從東京前往台灣參訪。

本次參訪的主題設爲「溫故知新」，讓學生具體學習台灣各種老建築的裝修活化。

我們造訪了高雄的哈瑪星、台南的神農街和林百貨、台北的華山1914和青鳥書店、桃園的桃園神社，深入了解古代建築如何進行現代化翻新。日本學界針對文化資產運用，一致認爲「台灣是先進國，日本爲後進國」，希望透過參訪讓學生實際感受，是這次研修目的。

實際上，籌備這次參訪並沒有花太多時間，反倒是受到台灣友人的幫助，有很多人爲我們演講、解說。而我其實只用了一封郵件、一通電話，他們就欣然答應了。跟台灣這二十年以上的交情，總是受惠於友人們的幫助。

對我來說，這次研修除了表面上的目標，背後還有兩個目標。一個是想讓學生們變成愛台灣的粉絲。

目標一：親身體驗

老實說，我並不期望他們會因這趟旅行而變得非常了解台灣，他們能先喜歡上台灣的話，未來會再造訪，有一天就會找到自己的研究題目。對我所專長的研究領域沒興趣也沒關係，因此我沒有指導他們要事前閱讀我的著作。

台灣的優點從外面是不容易看出來的。台灣並不大，又被國際孤立，雖然台灣並非小國，但是跟鄰近的超巨大中國相比，看起來的確很小。光是用

「領土大小」或「經濟實力」、「軍事力量」等價值觀衡量，的確無法對台產生積極關注的理由。

但是一旦踏入台灣，就能發現無限有趣的事物隱藏其中，總是能驚豔訪台的外國人，這就是台灣的魅力，台日民間交流的重要因素也在於此。

換句話說，台灣的好，是只有在台灣才能實際感受體驗到的。也因此我的構想就是先帶學生前往一趟台灣，其他之後再說。

剛抵台時，學生們先是流露出各種不滿，像是計程車司機開車好猛、機車很恐怖、旅館廁所塞住了、食物味道很重等等，不過這些都在我意料之中。隨著天數增加，「開心」的聲音漸漸超過「不滿」，最後得到的感想是台灣比日本還有活力、年輕人都很有個性、每個人都自由地活著、還想再來、想開始學中文、想在台灣工作、想閱讀野島老師的書、很驚訝台灣人如此溫暖等等。

◓ 目標二：創造經驗

另外一個背後目標，是希望學生帶回日本的不是「知識」，而是「經驗」。這是基於我自身經驗所想的。

我年輕時曾留學過台灣、香港和中國，但留學時學到的東西，除了語言之外，出社會後幾乎都沒用上。能派上用場的都是因感動或驚豔、失望等伴隨而來的「經驗」，那些經驗成爲我朝台灣、香港和中國發展的原動力。

我的學生將來應不會走研究路線，而且我們是社會學系，研究主題也不只集中在台灣或中國的政治。所以我想避免塞給他們太多很難的東西，造成消化不良，那樣只會變成教師單方面將知識強壓給學生。

不過在這次造訪台灣時，我很用心地要讓他們體驗「沒跟著我就沒辦法得到」的經驗，找了能讓他們感動和驚奇的地方，因而沒有帶他們去有名的故宮、九份，還有鼎泰豐。我對學生說：「那些地方等你們下次自己來再去。」

在他們的感想中，我最感到開心的，是「終於體驗到了像大學生的生活，這是我大學生活中最棒的回憶。」因為疫情，他們經歷了兩年沒有去學校上學的生活，大三又開始就職活動和寫畢業論文，幾乎沒有跟同學一起說笑吃飯、一起精疲力竭或吵吵架，老實說他們這個世代滿可憐的。

這次的台灣研修，若能讓他們那片「空白」稍稍被填補的話，真的是太好了。

◓ 意外收穫：我變成偶像

最後有件事想稍微炫耀一下。就是他們雖然知道我是研究台灣的專家，但不知道我在台灣從事例如為《天下雜誌》寫專欄這類稍有知名度的事。但在造訪各地時，很多人拿著我的書請我簽名，或當台灣媒體報導我們這次的參訪活動時，他們開始發現「野島老師似乎不是一般人呢。」

去寧夏夜市時，出現了關鍵性的事。當大家在排隊買愛玉冰時，一位男子認出我，對著我說：「您是野島先生嗎？我有看你的書，是你的粉絲。」學生們在一旁都非常驚訝，從那之後，他們都變得非常尊敬我。

平常在台灣路上很少會被認出來，這次發生的時機眞是太好了，簡直像偶像劇一般，台灣眞的是對我非常好。

二〇二三年我在大學開了台灣研修講座，其實一開始覺得有點麻煩，因爲一定會有很多得照顧學生等繁雜的介紹作業，但「台灣研修」是我們社會學系無論如何都希望能開辦的課程，就不得不接受了。

課程結束後進行回顧時，雖然過程的確很辛苦，但還是很欣慰能實現台灣研修。學生們也許會在將來靠自己的力量來到台灣，去發掘自己覺得有趣的一面。我在二〇二四年應該還會繼續帶領學生從日本來參訪台灣。

讓多一點國外的年輕人來台灣，也讓世界上喜歡台灣的粉絲漸漸增加。他們未來應能成爲從海外支持台灣、守護台灣的強大力量。

留台日生激增！「台灣華語」正取代「中國語」

前些日子，有位大學四年級的學生透過朋友介紹來拜訪我，想向我請教如何規劃未來職涯。那位女同學曾在台灣大學留學過半年，並於那段期間學了中文，畢業後想從事與台灣有關的工作。

最近，遇到愈來愈多留學過台灣的年輕人。一九九〇年，我前往台灣留學，回到日本之後，大家都很驚訝，「你去台灣留學哦？好稀奇！」的確在我留台時，幾乎沒有碰到日本留學生。

除了台灣，我還曾留學過香港、廈門和美國，到現在都還有跟當時認識的日本友人聯繫著，只有留學台灣時沒有結交到日本朋友。

或許是因為懷著這樣的記憶，所以我在今年*三月看到日本政府發表「日本人海外留學國家排名」時，嚇了一跳。

留台日生翻五倍

調查統計二〇一八年在各國留學中的日本人人口。台灣的名次大大往前躍進，約有九二〇〇位日本人於台灣留學，與前一年相比增加了九・三%。從整體來看，日本海外留學人口數呈現持續減少的趨勢，留學美國減少三・五%、英國減少六・二%、法國減少二十七・五%。與歐美相反，留學韓國與澳洲的學生漸漸增加，而其中留學台灣的人口成長率最高。

另一方面，二〇一八年在中國留學的日本人有一萬四千多人，與前一年相比減少了三・三%。但日本國內學習中文的人口並沒有減少，也就是說前

*本文撰寫於二〇二一年。

往中國留學所減少的人數，可能成了台灣留學增加的人數了。

另外還有一個統計是計算一整年前往各國留學的日本人人數。二〇一〇年時有七四六人到台灣，排行第十名。其後每年人數漸增，在二〇一九年，前往台灣留學的日本人超過了五千人。

中國語vs.台灣華語

隨著留學台灣慢慢變成主流後，我最近常被問到「『台灣華語』是什麼？」還有「台語會不會消失呢？」對於這兩個問題，我其實因爲不知道該怎麼回答比較正確，所以滿煩惱的。

「台灣華語」這個概念愈來愈受日本矚目，是因爲近期日本對台灣的好感提高，對中國的戒心相對增加的關係。

在日本，我們一直是用「中國語」或「漢語」來表示中文，但我們最近漸漸不想使用「爲了學『中國語』去台灣」這樣的表達方式，因此有些語言學校會打出「可學習台灣華語」的廣告。

不過，雖然語言學校裡有台灣老師，並用注音符號教學，但最終學到的還是「中國語」這件事是不會改變的。

想要了解「台灣華語」，比如台灣比較常用「好大」，在中國則比較常用「很大」；在台灣，比起「去了」，更多人使用的是「有去」，雖並非絕對。還有包括些許不同發音，還是得在台灣生活過才能自然而然學到。

中國的「普通話」也是一樣的，如果我在北京住了很長一段時間，一定會漸漸地在發音時舌頭就很自然地捲起來了。也就是說習慣當地語言後，就能自然理解各地語言差異。

另外，關於台語會不會消失這個問題，我問了年紀較大的一些台灣友人，有些人會不滿，「最近年輕人都不太說台語了。」

但我個人感覺，比起二十年前，現在從媒體還有政治人物的演講中聽到愈來愈多台語的內容，也有很多電影和連續劇裡都會使用台語。

老實說，我對台語並沒有「消失中的語言」的感覺，反而覺得台語的影響力漸漸增加中。當然對於此觀點抱持不同意見的人也是有的。

台語發音比馬英九好

關於台語，我有一件稍微自豪的事情。以前外派到台灣工作時，與前總統馬英九同一個老師學台語。馬英九比我早開始學台語，算起來我是他的學弟。

因爲是一對一教學，我從來沒有遇過他。只有從老師桌上擺放著的講稿推測，他應該曾在老師這邊練習過台語演講。不過，似乎當上總統以後因爲公務繁忙，就漸漸沒有來上課了。

另一件令我自豪的是那位台語老師曾稱讚：「野島剛你的台語發音比馬英九好呢！」我的確因爲聽力不錯，所以只要聽過一次就能還原一樣的發音。

可惜我沒有勤加學習，台語能力都沒有再進步。聽力部分大致上都能聽得懂，但是要說的話，大概說個三分鐘就露出馬腳了。

我通常建議留學台灣的日本年輕人，「不管台語還是客家語或原住民語，既然人在台灣，就把一個國語以外的語言學起來吧。」這也是了解日本所沒有的「文化多樣性」的捷徑。

另外，我還建議最好交一個台灣人男友或女友，這也是學好一種語言或與當地年輕人交流最有效的方式。

留學是人生最棒的經驗之一，留學當下還沒體會到，但是在回顧人生時，總能想起當時的自己是多麼精彩耀眼，有些時候也會後悔當時有些事沒有去嘗試。

剛才介紹的留學生統計是疫情前的數字，二〇二〇年和今年應該都會減少很多。但是前往台灣留學的人會愈來愈多、前往中國的人會愈來愈少，這樣的潮流似乎會持續下去。日本的中文留學目前進入了「脫中入台」的狀況。

此現象也說明人們會想在自己所喜歡的國家學習當地語言。若邀請在日本人氣很旺的台灣政務委員唐鳳，到募集日本留學生的影片裡宣傳的話，一定會讓留學台灣的熱潮更高漲。

從小說到棒球「二刀流」，未來將換日本人哈台

台灣文學最近在日本人氣急速攀升。土地遠比日本還小的台灣所出身的台裔作家們，為何如此受到日本的歡迎呢？我認為他們自身與作品裡所描寫的「歷史」或「社會議題」都有所關聯。

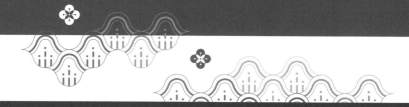

台裔作家李琴峰 成功反攻日本小說市場

第一位榮獲芥川獎的台裔作家李琴峰，聽說當天評審委員會來電通知她得獎時，她人正在廁所，還兩度故意錯過了電話。

在受獎後的記者會上她笑著說：「電話來的時機眞是不巧啊。」

還如此年輕的李琴峰，也許被認爲人生一帆風順，但其實在各項文學獎的際遇，並非如此順利。她的作品《倒數五秒月牙》曾在二〇一九年入圍芥川獎，但卻落選了。同部著作雖然也同時入圍野間文藝新人獎，但也是未能獲獎。這次獲獎的作品《彼岸花盛開之島》在幾個月前，也與三島由紀夫獎擦肩而過。所以這次當電話打來時，她是不是心想「又是『落選』的電話」，所以不想接起來呢？不過，這回可是確確實實的「喜訊」。

芥川獎是日本文學界的最高峰，可說是年輕作家的登龍門。但也因此，獲獎的難度非常高，入圍三、四次但都未能獲獎的人大有人在。不過，若是獲獎，則一生都能帶著其光環。雖然未獲獎的人也是能以作家的身分活下去，但若是獲獎的話，就能確保在文學界取得安定的「立身之地」。對於有著各式各樣文學獎項的台灣人來說可能很難體會，芥川獎在日本所代表的「權威」性是完全不同層級的。

曾目睹她學日文的拚勁，不得不臣服

在過去，東山彰良、陳舜臣、邱永漢等台灣作家，都曾經獲得作品多爲娛樂性小說的直木獎。這次李琴峰能夠在需要高度語言能力的純文學獎項芥川獎，用非母語創作而獲獎，眞的非常令人驚豔，可將她封爲「台灣之光」。

我與李琴峰初次聊天是在二〇一九年三月的時候，地點在西門町。已想不起來當初爲什麼會選在西門町見面，只記得當時想麻煩她幫忙做點事情，所以聯絡了她。當時她剛以小說家的身分在日本文學界出道，辭去前份工作不久。那次見面後，她在我擔任主編的 nippon.com 多國語言媒體網站開始寫起散文與評論，我自己也從她的文章中，多少了解到她的個性。

在我眼裡，李琴峰最大的優點就是「堅持」，從不放棄。就算不確定努力是否會有成果，她還是會努力下去，也因此她不斷地提高日語程度和創作小說的能力。當我想到她是怎麼鍛鍊自己時，不得不對她那份與日文長期奮鬥的精神臣服。

她的另一個優點是「很有主見」。現年*三十一歲的她，年齡足以作爲五十三歲的我的女兒，但就算我是長輩，不能認同的事她也絕不會退讓。

在這次芥川獎記者會上，李琴峰自豪地表示：「那些從以前就讀過我作品的人，從今以後都可以對人說『李琴峰？我在她得芥川獎前就讀過她的書了呢！』」她一直都很在意自己的小說在日本賣得不太好，甚至在記者會上也提到：「書若賣得不好，就沒有意義了。」

最近，包括《彼岸花盛開之島》還有她的其他著作，在日本網路書店都呈現銷售一空的狀態，可說是成功反攻了日本小說市場。

◓ 雖然是日本通，但有深厚中國文學素養

李琴峰有著文學家的氣質，內心總是保持著一股憤氣。只是那份情緒不是針對誰的發言或表面上的問題，而是對歷史或是政治、社會等多數深層的問題所產生的。其獲獎作品《彼岸花盛開之島》，以架空的島嶼爲舞台，描述漂流至島上的少女努力生存的故事，李琴峰對於沖繩、台灣與那國島的人們，被日本和中國等大國翻弄，甚至被剝奪了語言的歷史，將其憤怒與訴求等情緒投入了作品中。

＊本文撰寫於二〇二一年。

直到中學時，李琴峰都還只是個普通的台灣少女。在國中二年級時，就如同被雷震懾一般，開始學起了日語。從動漫、小說、音樂等領域大量吸收日文資訊，最終抵達了獲取日本最高峰的文學獎程度。她雖然是個日本通，但還是如同台灣的青少年一樣，擁有古代中文詩歌等中國文學素養，在她的小說裡，也有用漢詩交織而成的篇章。深知漢字的功能性與形體之美，並被日語的柔和感性吸引的她，也許成了象徵著同時接觸中國文化與日本文化，並被兩邊牽引而活的台灣代表作家。

◓台灣文學在日本人氣攀升

台灣文學最近在日本人氣急速攀升。其中，吳明益已確立了人氣海外作家的地位。陳耀昌的作品繼受到高度評價的《傀儡花》之後，《福爾摩沙三族記》也正在進行日語版的出版作業。另外還有林育德的《擂台旁邊》，已在今年於日本出版，甚至在日本擁有比在台灣還多的讀者。

台灣小說以前曾瞄準中國、香港、東南亞等華文世界發展，但近年來，中國和香港的文學界，變得愈來愈難以自由表現。反而是較能引起共鳴和對社會問題有所關切的日本人，對台灣人所編織的故事來說，將來肯定會變成新的市場。

土地遠比日本還小的台灣所出身的台裔作家們，爲何如此受到日本的歡迎呢？我認爲他們自身與作品裡所描寫的「歷史」或「社會議題」都有所關聯。比如在東山彰良的作品裡，描繪出國民黨撤退到台灣的悲傷情緒；李琴峰則是表現了台灣年輕人對於同婚或ＬＧＢＴ的強烈意識。

另一方面，台灣依然存在著很大的矛盾，不斷面對中國來的壓力，國民黨與民進黨間激烈的政治對立，使國民被從中分裂。加上經濟的貧富差距也比日本嚴重，這些問題對台灣人來說，可能不是好事，不過，這些矛盾現象卻也成了作家們的好題材，因爲當他們在作品中描繪美好未來的圖像時，會產生一些對現狀的不滿與悲憤情緒，由此激發出文學的靈感。

最近有些芥川獎得主，在獲獎後雖聲勢大噪，但小說家之路卻難長久，因此芥川獎的權威性受到一些人的質疑。李琴峰是否能在日本成爲眞正的人氣作家，當然還得觀察下去。但我可以肯定，這位出身台灣中部，擁有積極進取精神、絕不輕言放棄的文學少女，相信不會辜負我們的期待。

大谷翔平前的「二刀流」始祖——台灣吳昌征的棒球偉業

活躍於美國職棒大聯盟天使隊的大谷翔平選手，以「二刀流」身兼投打而廣受注目。過去大家都以爲，除了大谷與貝比魯斯以外，沒有人以二刀流成功過。但其實在七十多年前，日本就曾出現過不只是外野手的打擊王，又是投手並投出無安打無失分的「元祖．二刀流」。他就是二戰前後曾效力於巨人、阪神等隊，來自台灣的吳昌征選手（一九一六—一九八七）。

◓ 二刀流達成無安打無失分

因一雙快腿而擁有「人間機關車」異名之稱的吳昌征，在電影《KA

NO》出現過而出名的台灣嘉義農林學校畢業後，進入巨人隊，左打左投的他，因雙腳敏捷，打擊技巧卓越，第一年就成爲先發中外野手。一九四四年轉隊到阪神。二戰後，他經歷阪神、之後轉去每日獵戶星（現爲千葉羅德隊），職棒生涯總計二十年。

吳昌征本來專職野手，生涯共出賽一七〇〇場，安打數一三二六支，平均打擊率〇・二七二，盜壘三八一次。投手成績方面爲十五勝七敗。而作爲投手的最佳表現，是在二戰後一九四六年的球季中達成的。

吳昌征在一九四六年六月十六日，於西武球場對上東京參議員隊（現日本火腿鬥士隊），締造了無安打無失分的記錄。對戰的三十名打者中，未出現安打，只有五次四壞球保送。當時的場景收錄在阪神的球團史《阪神虎昭和之路》裡。

「吳本來就是天不怕地不怕，又有些目中無人，在對戰參議員隊時，打亂了對方的打線（中略），當天吳的投球數爲一二二球，其中有五次外野飛球，對第四棒的大下弘投出兩次內野滾地和兩次三振，也在對決參議員強棒白木義一郎時勝出。」

那一年他交出了十四勝，防禦率三．〇二的成績。打擊方面也留下了好成績，一〇一場比賽中有一一三支安打，打擊率〇．二九一（含一支全壘打）。

關於二刀流，《週刊棒球》（一九六三年八月十一日號）收錄了吳昌征在退休後對自己的回顧。

「當時的教練藤村說，他也有一半的功勞吧……哈哈哈。我先擔任中外野手，後來被叫去投了兩三球後就直接先發。實在很扯吧。」

吳昌征的確是在二戰後選手不足的情況下較爲顯眼，但是十四勝七敗的成績也不是輕易能達到的，他讓世人看到了他的強投實力、尖銳球技，還有精準的控球技巧。

吳昌征生於一九一六年日治時期台灣台南名爲橋仔頭的小村莊。父親是台灣製糖工廠的員工，共育有八個小孩，吳昌征為次男。進入嘉義農林後，在一九三一年的夏天甲子園取得亞軍。之後又再參加夏季與春季甲子園各一次。

知道吳昌征最早的綽號「赤腳的人間機關車」的人其實很少。在甲子園大會出場時，因腳長了雞眼，所以拖掉釘鞋練球，因此被媒體稱作「赤腳的機關車」。之後的巨人隊隊友千葉茂，將他在一九三五年甲子園大會見到吳昌征時受到的衝擊，寫在《巨人軍的男人們》書中。

「吳在比賽時，先打出安打站上一壘，之後在投手投出的三球間，盜壘了三次跑回本壘。當時的報紙刊登吳的訪談，他說：『甲子園還蠻輕鬆的』，我可是被這樣的怪物震懾了兩次。」

◐在巨人隊與早稻田大學間煩惱

畢業後，吳昌征一度傾向進入早稻田大學就學。因為嘉義農林的學長吳明捷選手曾在早大就讀。另一邊，職棒名門巨人隊也來力勸吳昌征加入。巨人隊總教練藤本定義，則透過對吳昌征來說貴為嘉義農林時代的恩師近藤兵太郎教練前來挖腳。藤本正是近藤在松山商業任教指導時的子弟兵。

吳昌征考慮後，因爲想要幫助維持家計，所以選擇了巨人隊。簽下簽約金八〇〇日圓，月薪一二〇日圓的合約。當時台灣製糖公司的薪資，一般階級的新人，月薪是二十日圓，由此可見巨人隊當時對吳昌征的能力有相當高的評價。

剛加入巨人隊時期，球隊已有澤村榮治、須田博、三冠王中島治康、水原茂、川上哲治活躍著，並正迎接巨人隊的黃金時期。而吳昌征靠著快腿巧打馬上成爲先發中外野手，打擊率也經常排在聯盟前十名。

前述提到的千葉茂，當時擔任二壘手，與吳昌征同時擔任巨人隊的中心打線。千葉曾回想道：「有這種好腳程又兼顧強棒的隊友眞的很有幫助。他總能將二壘跑者送回本壘，有如神技。」

●「職棒界第一的中外野手」

吳昌征曾以一〇〇公尺十一秒的速度成爲盜壘王，又擁有能遠投一〇〇公尺的臂膀，還有曾獲得兩次打擊王的準確打擊，再加上還能勝任投手一職，可說是聚集「四項全能」的選手。但其實他的體格並不得天獨厚，身高約只有一六七公分而已，有如此體格都是靠著扎實的鍛鍊而來的。

一九四二年的雜誌《野球界》曾列舉幾位「當今日本球界最強的三名中外野手」，其中針對吳昌征寫道：「吳怎麼說都是第一名沒錯」。

吳昌征在一九四三年獲得打擊王和最佳選手後，本來決定回台灣並退出巨人隊。但當時台日航線有著美國潛水艇攻擊的危險，結果吳留在日本加入了阪神隊。在日本職棒暫停比賽的一九四五年，吳運用了他在嘉義農林學到的農業經驗，將甲子園球場的外野草地改成芋頭園，並在現場負責監督指導。

吳的個性謙虛，又有親和力，隊員們都很喜歡他。一九四六年恢復職棒比賽後，在東西對抗賽中，他被東軍的巨人隊前同事和西軍的阪神同事互相爭奪，此事當時還被刊登在報紙上。

三個名字

吳昌征出生時名爲吳波，一九四四年改名爲吳昌征。戰後，與日本人結婚，歸化日本後改姓石井。至於將名字從吳波改成吳昌征的理由，透過他住在東京的長男石井昌博所敘述，「連我媽媽都不是很清楚。在家幾乎都沒有提到台灣的事情。」

吳昌征退出球壇後，曾受到挖角，後來經手事業，但常被騙失敗。後來摔倒受傷後，身體變得很虛弱，七十歲時即離開了人世。

石井昌博提到父親，如此說道。

「小時候我們常常練習傳接球。他很愛小孩又會做菜，常常做菜給我們吃，還會幫忙照顧孫子。我還記得他說他的右腳背有個很大的腫傷，是在戰爭中爲了搶救小孩而中彈的痕跡。」

石井在二〇一三年初次造訪台灣。對於父親的高知名度感到很驚訝。

「在日本，除了非常喜歡棒球的人，很少人知道父親的事，但在台灣竟然有這麼多人記得父親，令我非常驚訝。聽說還有一些地方，父親比王貞治還有名。在日本從來沒感受到父親的偉大，在台灣卻初次感受到了。」

進入台日「殿堂」，並出版傳記

歷史研究家岡本博史於二〇一〇年時，自費出版電子版傳記小說《人間機關車・吳昌征》。岡本針對執筆的動機，如此說道：「戰爭結束後，在小學跟朋友玩人像圖卡遊戲時，吳昌征的相片也在其中。當時的阪神隊有吳昌征、金田正泰、別當薰、藤村富美男、土井垣武的強打線。身為阪神球迷的我，對於吳昌征這個特別的名字記憶很強烈。」

岡本有一次造訪台灣嘉義，看到了繁華的嘉義市裡的圓環豎立著棒球選手的銅像。心想一定是吳昌征的銅像吧，結果是同樣在嘉義農林活躍過的吳明捷的銅像。雖然同樣都姓吳，吳昌征卻沒有像在甲子園中獲得亞軍投手名號的吳明捷一樣被大衆所知，岡本爲此受到了很大的衝擊，因此促成了撰寫此書的動機。

吳昌征於一九八七年過世，遲至一九九五年才被選入日本棒球殿堂。岡本針對此事指出：「聽棒球界相關人士解釋，不是因爲台灣出身而受到差別待遇，應該只是單純運氣不好被忘記了而已。」

二〇一八年吳昌征也被故鄉台灣的棒球殿堂「台灣棒球名人堂」選爲一員。在巨人隊、阪神隊、每日隊都背著球號二十三號的吳昌征，並沒有停止其「二刀流」的稱號，還持續在棒球史上留下很多記錄。

一九四二年、一九四三年　成爲史上連續兩年獲得打擊王的選手

一九四三年　創下當時職棒最多連續盜壘二十九次記錄，獲選爲最有價值球員（ＭＶＰ）

一九四六年 戰後首次無安打無失分

一九五七年 引退，成爲首位超過二十年在職的職棒選手

對於吳昌征，除了因大谷的二刀流的成功被提起以外，今後也許還會受到更多矚目。吳昌征的事蹟和對日本棒球的貢獻，應該讓更多的世人了解才對。

為何台灣棒球選手無法在巨人隊成功發展？

在日本看到活躍的台灣棒球選手，已經不是罕見的事了。一九九〇年代有「二郭一莊」之稱的郭源治、郭泰源、莊勝雄等投手。還有曾效力中日隊、阪神隊的全壘打巨砲陳大豐，及曾於阪神隊效力十年擔任中心打者的林威助。最近令人印象深刻的是，從美國職棒大聯盟加入羅德隊的陳偉殷，他以前在中日隊的強力投球令人印象深刻。

另一方面，自豪擁有壓倒性人氣與存在感的「球界盟主」巨人隊則是除了王貞治（中華民國籍）以外，其他曾備受期待的台灣選手們都沒有持續活躍太久。

現在隸屬巨人隊的台灣籍選手陽岱鋼，從高中就到日本打棒球，二〇〇五年以高中生選秀第一名的成績進入日本火腿鬥士隊。入團第五年開始成爲穩定先發成員，曾獲得一次盜壘王、四次最佳九人。以日本不常出現的長打和攻守極佳外野手爲特點，成爲日本火腿隊的明星選手。在獲得自由交易球員資格的二〇一七年時，經過各球團的競爭後，以五年十五億的大型契約加入了巨人隊。

但是，在二〇一七年到二〇一九年間的三年，沒有令人驚艷的成績，每年安打數並未達到一〇〇支。去年*雖然在代打成績上有不錯的表現，卻沒有辦法如願成爲先發選手。今年球季初期雖然多了很多以一軍身分先發出場的機會，但是沒有維持很久，八月開始被調去二軍，還有一陣子被調去三軍。

知名體育記者鷲田康指出，今年三十三歲、快要成爲大前輩的陽岱鋼面臨著最大的問題就是「年齡這道牆」，「陽岱鋼於日本火腿的最後時期體能開始下降，特別是越來越打擊不到內角球。在他較爲年輕時，還有能把內角球打成安打的體能，現在則變得比較困難。另外，以前非常安定的守備能力也有同樣狀況。」

◓中央聯盟與太平洋聯盟勝負關鍵不同

鷲田除了指出年齡問題影響了陽岱鋼以外，原本效力過的日本火腿隊所屬的太平洋聯盟與巨人隊所屬的中央聯盟也有差別。

據鷲田所說，與重視體力為勝負關鍵的太平洋聯盟相比，中央聯盟比較傾向攻擊對方的弱點。巨人隊從九年連霸的川上總教練時代開始就以這種攻略為傳統，到現在其他球隊也深受影響。陽岱鋼原本就比較不擅長內角球的打擊，以前在太平洋聯盟的時候，對手曾經要以內角球制約他，但最終都還是用較有力道的直球來對付，這比較像是太平洋聯盟的作法。但是中央聯盟

＊本文撰寫於二〇二〇年。

卻是徹底用內角球攻擊陽岱鋼的「罩門」。結果使得陽岱鋼沒有辦法發揮強打，表現下滑。

「台灣棒球跟美國職棒大聯盟比較類似，教育方法為多加強選手們的優點。所以台灣出身的陽岱鋼或許比較適合太平洋聯盟的對戰方式。」

以前因為內角球而表現不佳的台灣選手在巨人隊還有一人。就是一九八八年代選秀外進入巨人隊的「亞洲巨砲」呂明賜。現在於台灣擔任台北興富發隊總教練的呂明賜，是很多日本人記憶猶新的選手。當時同隊的外國人選手克羅馬提因傷下場，換成呂明賜升上一軍出場後，他就以接二連三的全壘打驚艷了日本棒球迷。

鷲田表示：「當時雖然我沒有擔任巨人隊的採訪，但是也注意到呂明賜轟動了全日本。因為是台灣出身的選手，大家也就很期待他成為王貞治的繼承人。但是呂明賜的缺點也是內角球。後期被內角球徹底攻擊，最後因外角變化球而使得打擊姿勢崩壞。雖然呂明賜擁有卓越的打擊力，但是較不能適應中央聯盟的戰略攻擊。」

◓ 被要求提高適應能力的陽岱鋼

任誰遲早都會面對被攻擊弱點或是因年齡衰退的事情。鷲田說：「重點是面臨問題後採取的對策。」

他表示：「通常被質疑的都是選手的適應能力。職棒選手當然大多體能很好，但是一定會有衰退的時候。在衰退的時候如何應對並撐下去是關鍵。今年巨人隊裡很活躍的中島宏之也許就是與陽岱鋼對比的例子。」

中島曾經在西武跟歐力士效力，也曾挑戰過美國大聯盟。回日本後，於二〇一九年加入巨人隊，第一年表現不佳年薪被大幅縮減。但是今年卻躍昇到一軍成爲先發選手。

「中島因去年的表現而體會到自己體能的衰退，因此調整並減低多餘的動作。從新的球季開始完全改變打擊姿勢。當然陽岱鋼也很努力的朝右側打擊，但是到目前爲止還沒有很適應。」

這樣看來，台灣選手比起中央聯盟，或許還是比較適合太平洋聯盟。另外，也有可能跟巨人隊特殊的文化環境有關。

鷲田說：「巨人隊每年都非常積極爭取冠軍，所以不管是教練或是球迷都比其他隊伍沒有耐心。只要沒有馬上打出佳績，就會馬上被下放到二軍。巨人隊招攬陽岱鋼就是希望他能發揮當時極佳的戰力。但是，選手在巨人隊打出好成績時一切如魚得水，若有閃失，待遇就馬上被改變。若被降到二軍，出場又減少的話，很容易被教練隨便操控。選手們一方面還一直抱著若能出場就能拿出成果的心情，精神面上很容易受到打擊。」

呂明賜只在巨人效力四個球季，最後留下「教練團不當操控」、「被巨人隊毀了」等等遺憾而離去。但是，其實不光是外國人選手，就連日本人選手也是如此。曾經因爲實力不如預期發揮而喪失一軍的出場機會，失意而離開的選手們絕對不只台灣選手而已。

回到陽岱鋼的話題，他是否會變成第二個呂明賜呢？

鷲田提出了以下的看法：「因爲陽岱鋼除了上場比賽的貢獻之外，對台灣播放巨人賽事的轉播權也有很大的影響，所以對陽岱鋼的去留要整體判斷評估才行。不過，如果表現依舊沒有改善，加上新人輩出，明年是否繼續留下就有難度了。」

另外，要說到曾經效力於巨人的台灣投手，我們不難想起優秀的人才姜建銘選手。他不只擁有最高一四八公里的速球，還能丟出變化多端的滑球與指叉球，控球能力也極佳。美國大聯盟曾經邀請過他，但是他在二〇〇五年時選擇加入巨人隊。二〇〇六年球季途中初登板即成爲大將，並留下無四死球完投完封勝的超強佳績。

本來二〇〇七年開幕戰後一直是先發陣容的他，後來投球姿勢改變，被敵對打擊不斷攻擊，變成於一軍跟二軍間來來去去，最終以二勝四敗的戰績結束球季。二〇〇八年沒有出賽的機會，就被巨人隊通知成爲戰力外名單。

鷲田回憶起姜建銘時說道：「當時出現了超強人才姜建銘。大家都期待他也許會變成巨人隊的王牌投手。但是隨著受傷影響成績到被下放二軍後，就沒有再捲土重來了。通常，要在海外很成功的選手的共通點是有很強的抗壓性。一方面堅持住自己的強項，另一方面努力維持戰績並適應當地的棒球環境是必要的。若不能如此，很難在國外長期發展。特別是上面提到過的巨人隊，不太等待球員的表現回復，所以要在巨人隊發展比別的球隊更加困難。」

姜建銘回台灣後曾經於中華職棒復出，但於兩年後一度退出球壇。於民間的公司上了一陣子的班後，二〇一二年以野手身分復活並成為國家代表隊一員。文章前面提到的呂明賜也是歸國後一直有很不錯的表現。

台灣現在仍有很多優秀的選手。陽岱鋼是否能成功復活，也許是以後台灣選手在巨人隊能不能順利發展的試金石。非常期待能夠再次看見陽岱鋼選手活躍於東京巨蛋的英姿。

宮崎駿的最後作品好看嗎？

在大學教學生新聞學理論時，總會在課程開始時強調，新聞媒體是一份於理想與現實之間奮鬥的工作。

理想是用新聞媒體實現社會正義，現實則是利用新聞媒體賺錢。就像音樂專輯的A面與B面，記者有時是理想主義者、有時是現實主義者，但必須時常同時保有兩者。

媒體要賺錢，就得去追蹤人們現在最想知道的事情，而發揮社會正義則是眞實傳達社會上各種不公平下的人民心聲，只要有一邊失衡，媒體就無法正常運作。所以理想與現實兩者的平衡非常重要。

我本身也是如此，身爲一個作家，寫文章時，太過傾向理想主義或現實主義的話，讀者就不會買我的書籍。因此作家總是在「想寫的」和「想被閱讀的」之間動搖與糾結。

對我來說，就算書賣得不好，也只有我和出版社編輯會難過而已；但若是一齣電影，影響到的是以百人、千人為單位的工作人員，若票房失敗就會非常慘。

製作的人盡可能要一邊構思行銷、一邊製作，但有時沒辦法，票房不好就是票房不好。若電影只照著導演或製作人所秉持的理想主義（自己想拍的內容）製作，把影迷拋在一旁的話，票房更容易失敗。

● 從商業到理想的轉彎

會這麼想，是因為去東京的電影院看了宮崎駿的最後作品《蒼鷺與少年》（前譯：你想活出怎樣的人生），也是台灣人很喜愛的吉卜力工作室的新作。這部電影幾乎沒有做任何宣傳，也沒有預告片，只有公開一張看不懂的鳥臉海報。

我算是吉卜力世代，與宮崎駿導演的作品一起長大。他的作品只要一上映就會馬上去看，所以他的作品某種程度可讓我感受到「歷史」。

宮崎駿的作品從商業主義到理想主義，慢慢地轉彎變化。從《風之谷》、《紅豬》、《霍爾的移動城堡》、《龍貓》、《魔法公主》、《魔女宅急便》到《神隱少女》，都還在宮崎駿於理想和商業間取得平衡的幸福時期。

到了《崖上的波妞》以環境被破壞為主題，作品漸漸出現不能完全被理解的部分。前一個作品《風起》以反戰為主題，但娛樂性不足，難以理解故事內容，受到很多影迷的批評。這次的《蒼鷺與少年》一上映就開啓網路上激烈討論，評價滿分五分之中，從一到五都有。

看了留言區，評價五分的人多為簡短留言，像是「果然是厲害的宮崎駿」、「好棒」等等。

而批評的人，則是鉅細靡遺地將理由列舉出來，比如「很難理解故事內容」、「後半段很難懂」、「人物性格很難掌握」、「結局收得不好」等等。

◓「活著」就能靠近理想

這部片未來*在台灣應該也會上映，所以我盡量避免暴露內容。

作品的背景是太平洋戰爭前的日本，電影一開始描述少年因空襲而失去了母親，避難至鄉下的學校。少年母親的妹妹與少年的父親再婚，就在苦於與他們構築關係之際，一隻神奇的鳥出現在少年面前，一同進入不可思議的世界尋找失蹤的母親妹妹，少年突破各種困難而成長茁壯，是電影其中一個主題。

若問我這部作品好不好看，我會回答「還好」，沒有到失望的地步，但走出電影院時，無法露出滿足的微笑。不過若問我有沒有看的價值，我會回答「有」。

風靡全球的吉卜力，影像品質還是非常厲害的，影片中也出現很多可愛的動物。

在這些感想以外，還了解到宮崎駿原來想以這樣的內容作爲此生最後的作品，想傳達給觀衆：雖然活著很困難、很痛苦，但是持續思考「如何活著」就能愈來愈接近理想。

最後作品不迎合觀衆

用一句話形容這部作品的意義，就是「不迎合觀衆，從頭到尾集結了宮崎駿的堅持」，而且正因爲他是宮崎駿，所以可以這樣做。

這次宮崎駿的吉卜力長年盟友製作人鈴木敏夫及周圍其他人，都沒有阻止他的創作，因爲是宮崎駿，也因爲是他最後的作品，就算內容有難以理解之處，打著宮崎駿的名號，即使不能成爲破紀錄的大作，票房應該也還能收

＊本文撰寫於二〇二三年八月。《蒼鷺與少年》已於二〇二三年十月在台灣上映。

回製作費用。

片中還邀請著名演員木村拓哉、柴崎幸、菅田將暉、木村佳乃擔任配音，並收錄日本超紅歌手米津玄師的歌，肯定會吸引這些豪華陣容的粉絲到電影院捧場。

宮崎駿現年已八十二歲，最近在日本出現了許多票房超越吉卜力的作品，如《鬼滅之刃》或《你的名字》等電影，但宮崎駿在日本動畫創作者的最高地位還是屹立不搖，以及他帶給全球動畫迷的貢獻是非常巨大的。

在最後的作品中想製作自己理想的內容，還有誰能批評他呢？

雖然這部作品應該不會成爲口耳相傳的名作，但會是宮崎駿這位電影巨匠的歷史中，重要的一部創作。

被台日遺忘的小說家——邱永漢

我在二〇一六年撰寫了一本在台灣也有發行中文版的作品《漂流日本：失去故鄉的台灣人》。它雖然是本描述戰後活躍於日本、十位出身台灣人士的報導文學作品，但其中寫邱永漢的這篇，事實上是我感覺「寫得最好」的一篇。在執筆時，我調查了過去曾經書寫、有關邱永漢的各種評論，但就我整體看來，有確切把邱永漢的整體形象清楚描繪出來的作品，就連一部也沒有。關於這樣的空白，我是否有將它填補起來呢？雖然或許有點傲慢，但我自認確實有做到這點。

邱永漢的多樣面貌

邱永漢具備經濟評論家、作家、投資家、台獨運動家等各式各樣的面貌，在各個領域都留下了一流的成績，故此，要回答「邱永漢是怎樣的人」，這個問題其實有點困難。本書雖然介紹了小說家邱永漢的作品，但我也認爲邱永漢的本質，不能只從小說家這個面相來加以說明。可是在此同時，若去掉「小說家邱永漢」這個面相，要說明邱永漢這個人，也是相當困難。

在我的作品中，曾經介紹過這樣一段插曲：

年輕時代的邱永漢，從香港渡海來到日本後，便在廖文毅的手下協助台灣獨立運動。可是，邱永漢並不熱衷於運動，他所希望的是成爲一名小說家。邱永漢鎖定的目標，是當時的人氣作家檀一雄。他在報上得知檀一雄受傷住院之後，便趕到醫院，請檀一雄閱讀自己的小說、毛遂自薦。一般會覺得這樣的行爲相當厚臉皮，但邱永漢還是每天到檀一雄的病房報到，一篇篇朗讀自己的作品。檀一雄也是位奇人，他並不覺得邱永漢厚臉皮，大概是入院有閒暇吧，他一一閱讀了邱永漢尚未發表的作品，並給予建議。之後邱永漢出道的時候，檀一雄作爲日本文壇的「介紹人」，推薦了邱永漢；當邱永漢獲得直木賞時，他也是審查委員之一。

檀一雄對邱永漢這樣說：

「你雖然無法成爲百萬圓作家，但可以成爲十萬圓作家」。他的意思簡單說就是，百萬圓作家是像他自己一樣的超一流作家，但十萬圓作家可以靠小說糊口，只是無法成爲歷史留名的大作家罷了。

邱永漢敏銳地察覺到這句話的含意。他作爲小說家的活動，事實上只持續了十年就告終。他曾經告訴愛女邱世嬪說：「我作爲小說家，只是小結的程度」。小結是相撲的位階；相撲地位最高的是橫綱，接下來是大關、關脇，再下去就是小結。橫綱是完全不同等級的存在，大概就是村上春樹那級吧！大關、關脇、小結稱爲「三役」，在幕內力士中也是受到特別高規格的待遇。即使是一流作家，只要狀況不好，也有可能掉出三役的地位。

邱永漢看穿了自己的文學才能僅止於「三役」，而無法成為橫綱；這其實是件相當不容易的事。普通的小說家或許會認為，就算這樣也是很不簡單的才能，既然都拿下直木賞了，就在這個世界咬緊牙關，努力奮鬥下去吧！然而，邱永漢卻早早就放棄了小說的世界。

之後，邱永漢以經濟評論家身分出道，在日本獲得大成功。他雖然因為台獨運動被列入黑名單，之後卻被蔣經國招攬，「凱旋歸國」回到台灣。他在經濟投資上也相當成功；雖然也有投入過大選*，不過卻失敗了。當他過世的時候，報導寫的是「賺錢之神邱永漢過世」；在他的履歷最後雖然有加上「直木賞作家」這行，不過大部分的讀者毫無疑問，都是走馬看花略過吧！

然而，邱永漢在短時間內留下了大量的作品。當我在寫他的傳記時，試著閱讀了這些作品；不管哪一篇都相當有趣，文章簡潔明瞭，出淺入深。邱永漢是現實主義者。好就是好，壞就是壞。這個世界是由人的利害關係所構成的，因此人會背叛人。他要傳達的就是這樣的價值觀。也正因此，在邱永漢的作品中，看不到「留白」、「疑問」與「煩惱」。和太宰治這種東煩惱西煩惱、最後發現「人生是謎」，兩手一攤放棄回答的小說家不同，邱永漢在所有的故事中，都描繪了細節與結局。他的小說也可以稱為某種「紀錄文學」，在我這樣的報導文學作家看來，是非常發人深省且討人喜歡的風格。

◓邱永漢與台灣至深的連結

邱永漢是時代創造的天才。他在日治末期受教育，走上台灣人最優秀菁英的出頭之路，在東京大學經濟學部迎接終戰。回到台灣的邱永漢因為對國民黨政府不滿，所以被趕出台灣、逃到香港。之後，他在香港持續進行獨立

＊邱永漢曾於一九八〇年參選日本參議院議員選舉。

運動，接著更遠渡日本，和獨立運動產生關聯。在這樣的過程中，他目睹了台灣的大變化、被捲入其中，也被人所背叛；所有這一切，都成爲他文學的養分。在寫下這些東西之後，邱永漢作爲小說家，想寫的東西恐怕就沒剩多少了吧！

只是，邱永漢到死都沒有離開過筆。「我父親的本質是作家」，他的女兒如此斷言，而我也這樣認爲。在爬格子還是作家工作的時代，邱永漢經常拿著稿紙，針對經濟和國際情勢，不斷接受出版社的邀稿。對於自己撰寫的稿子，邱永漢常常以「某時候在某媒體上刊登的某篇報導」這種風格，來加以回顧。

邱永漢過去是「在日本被遺忘的小說家」，但二〇二一年中央公論社出版了《香港．濁水溪》的文庫本，迴響的熱烈程度超乎預期，而邱永漢作爲小說家的存在，現在也重新成爲焦點。這次台灣能刊行他的傑作集，我實在不勝喜悅。邱永漢不只在日本，在台灣也被過度低估。他作爲小說家的業績，其實絲毫不遜於同時代的吳濁流。但是，邱永漢在獨立運動家之間被視爲背叛者，其文學成績也長期不被人所注意。只是，那個時代的台灣與台灣人，究竟發生了什麼事？想要知道這點，作家邱永漢與其作品，就是絕對不可或缺的一塊拼圖。

被台灣人深愛的志村健

台灣對於因爲新型冠狀病毒引發的肺炎，讓喜劇藝人志村健不幸過世一事，跟日本感到同等悲痛。連蔡英文總統也在推特上表達悼念之意。在一九九〇年代日本文化的開放下，志村健的綜藝節目讓台灣人感到眞正的快樂，志村健的節目，與志村健的搞笑，都是台灣社會的共同記憶。

◓ 台灣各界紛紛表示哀悼之意

喜劇藝人志村健在二〇二〇年三月二十九日夜晚，因爲新型冠狀病毒引發的肺炎，在東京都內的醫院過世，享壽七十歲。在這還能備受期待的活躍年齡之際過世令人感到惋惜。他直到最近都還積極地出演各種節目，在三月三十日開始播放的ＮＨＫ晨間連續劇，他也有參與拍攝。此外睽違二十一年的電影演出，他人生首次主演的電影《電影之神》，也在拍攝前突然臨時叫停，實在太殘忍了。

志村健是在一九七〇年到八〇年代間博得好評的綜藝節目「八點了！全體集合！」中，代替荒井注而成爲漂流者（The Drifters）的成員，一直以來都引領著日本茶餘飯後的搞笑時光。漂流者中，特別是加藤茶與志村健特別受到歡迎，小學時的同學間還會分「志村健派」、與「加藤茶派」來擁護自己喜歡的藝人，這樣的話題始終樂此不疲。我自己是「志村健派」，對於他有點灰暗中悲傷的幽默感特別喜歡。

坦白說，電視上少了志村健的身影，眞的是無法想像。志村健感染新型冠狀病毒後，不過短短的兩週就病故，三十日的一整天，全日本都陷入了悲傷與震驚中。

然後，恐怕台灣是全世界中僅次，或者是跟日本一樣對於志村的過世抱持著同樣的悲痛吧。

台灣媒體將消息放在網站首條、臉書與ＢＢＳ上，對於志村健死去而發表的留言紛紛出現，發生了「洗版」的現象。

蔡英文總統也在三十日時於推特上表示「志村健桑，感謝您超越國境、帶給台灣人許多歡笑與元氣，相信您即使在天國，也一定會帶給很多人歡笑的吧。在此衷心為您哀悼祈福。」蔡英文總統的推特也在ＮＨＫ晚間七點的新聞中被引述。台灣的藝人與政治界，都依序表達了哀悼之意。對於外國人居然有這樣的反響，一般常識來說真的是不太可能。

◓志村健是台灣人共同的記憶

為何志村健在台灣會受到這樣的愛戴？這也是因為，台灣有其相當獨特的理由存在。

志村健的搞笑節目是在約一九八〇年代後半被介紹到台灣來的，當時的台灣還處於戒嚴令下，日文的節目基本上是不能播放的。但是，盜版的錄影帶店在當時偷偷租售日本的綜藝節目，志村健的節目居然是最受到歡迎的。直到了一九九二年，日文的電視節目正式解禁，正好也碰到日本綜藝節目的全盛期，志村健的存在在台灣社會一夕之間變得廣為人知。

喜好日本文化的人被稱為「哈日族」，發明這個詞的散文作家哈日杏子就說，「在台灣還沒有有線電視（第四台）時，他的搞笑透過錄影帶讓很多台灣人得到歡樂。對很多人來說，志村就是相當重要的共同記憶」。

因為志村健的節目讓很多台灣人對日本文化產生興趣，進而變成哈日族的台灣人，在當時相當多。

對於志村健的印象，哈日杏子回顧「他一直都用豐富的表情、並且相當有活力。雖然有些搞笑橋段一直在危險邊緣，但是志村健無法讓你責備的可愛，被允許這樣做」。

特別是在日本文化的開放時期製作的節目「志村健的沒問題啦」（一九八

七一一九九三），在台灣被譯作「志村大爆笑」放送，博得超高人氣。當時在節目中他有個「怪叔叔」綽號，「怪叔叔」也是這個節目中最受歡迎的一個段落，之後台灣對於志村健就有了「怪叔叔」的特別印象。

台灣的搞笑藝人，也在當時模仿志村健的搞笑風格中，慢慢磨練演藝技能。連在戒嚴令下當時，對於搞笑風格相對嚴格的台灣綜藝界，也受到了志村健自由奔放的搞笑刺激。對於志村健相當尊敬的藝人們，也對他的過世在社交網站上表達哀悼之意。

◓ 志村健等同台灣的豬哥亮？

我向台灣友人詢問「對志村健有什麼印象」時，總是會聽到有人回「他就是台灣的豬哥亮吧」。豬哥亮是台灣非常受歡迎的搞笑藝人，怪奇的髮型與狂放的服裝，遊走在法律邊緣的幽默博得相當高的人氣。志村健也是在加入漂流者後，在以前被認爲是友好家庭般印象的漂流者中，最頑皮的最小小孩，在危險邊緣的搞笑中讓朋友們邊感到困惑邊讓其發笑，兩人在這樣子的風格上確實有相似之處。

有點不同的是，豬哥亮後來以電影演員之姿在銀幕上大大活躍，志村健則是堅持「我是一個搞笑演員」，因而拒絕了許多電影演出的機會。但是，志村健仍在一九九九年演出電影，在高倉健主演的《鐵道員》中，雖然只是很短一幕，但是演技壓倒性地綻放出光芒，在我心中留下深刻的印象。

與金城武的日亞航空廣告

根據台灣媒體說法，志村健最後造訪台灣是在「志村動物園」的拍攝，當時於二〇一八年造訪台北。志村健本身就很喜歡台灣，來來去去就共十次以上造訪台灣的經驗。

他特別喜歡的是位於台北林森北路的腳底按摩店「豪門世家理容名店」。我先前也去過不少次，在入口就有大大的志村健照片。「志村大爆笑」

節目中，他跟藝人上島龍平一起造訪，在忍受腳底按摩的極度疼痛之餘，他也愛上了該店，之後又拜訪了好幾次。

我印象最深的，就是志村健跟日台混血的人氣演員金城武一起造訪台灣，在台灣各地漫步拍攝台灣觀光宣傳日本亞細亞航空的廣告片段。

當時，志村健坐在金城武騎的腳踏車上，在淡水的巷弄中穿梭。看著淡水河、吃著胡椒餅。隨後跟著金城武一起造訪台灣東海岸的志村健，在當地的婆婆媽媽們介紹下一起吃著台灣特有的水果釋迦，吃得滿嘴都是很美味的模樣。

志村健被起用當作廣告主角，就是因爲他在台灣原就擁有超高的知名度。在跟當紅的帥哥演員金城武一起搭檔下變成絕妙的雙人組，這是相當深植在記憶中的廣告。

◓ 憤怒與悲傷的評論接踵而至

在台灣總統蔡英文哀悼之餘，台灣的立法委員林靜儀也在臉書上貼文表示「看到志村健因武漢肺炎逝世，還是很難過。看到全球各地因爲這個傳染病受苦的人民，甚至因此死亡的醫療人員，更是感到憤怒。ＷＨＯ，你們眞的盡責了嗎？」表現出憤怒之餘，讓大家了解台灣對於ＷＨＯ的評價是相當不好的。

立法委員鄭運鵬也表示志村健是「從小到大的偶像，祝您好走。」立法委員陳柏惟也說「我小時候電視上最常看到的就周星馳、豬哥亮、志村健吧」。

在台灣，日本的藝人與演員，常常比在日本當地更受到喜愛。好比說酒井法子或飯島愛等，她們的新聞過去都受到台灣高度關注。只是，志村健的場合，他是受到廣大世代注目的藝人，當然因爲新型冠狀病毒讓他過世也是原因，但這更是他在台灣一直以來受到高度關注的結果。

日本也同樣，東京都知事小池百合子對於志村健的死表示「談到志村健，眞的很感謝他以眞正的娛樂家之姿，提供了大家快樂與歡笑。最後，他帶著悲傷與新型冠狀病毒的危險性，給了大家最真切的訊息。」志村健因新型冠狀病毒而死，給了日本年輕人極大震撼，對於到目前爲止不算是相當積極的傳染病預防上，也許是個改變他們的契機。

九州迎來半導體產業，台積電是怎樣的公司？

半導體讓九州備受矚目，甚至可望重返日本經濟重鎮，但在地人對台積超不熟，諸多疑慮還沒被好好回答。台日若想更緊密合作，台積須致力在熊本當個好鄰居。

今年四月，我的台灣記者朋友林宏文，在日本出版了《晶片島上的光芒》一書的日文版，爲了出席與本書相關的演講，我和他前往九州的福岡與熊本，在當地聽到人們對台積電超乎想像的期望。

由《熊本日日新聞》和熊本學園大學主辦的演講，吸引超過三五〇人蜂擁而至，聽說開始報名才過幾天就額滿。在九州大學的演講，則是線上、實體合計共二〇〇〇人參加，連九州最大經濟團體「九州經濟連合會」會長都前來。

如今九州正迎來半導體風潮，不，應該說是台積風潮。

◓ 九州歷史地位的興衰

九州過去曾是日本的中心。彌生時代因爲與中國、朝鮮半島距離最近，且氣候溫暖，在日本最早開始了稻作文化，並曾出現邪馬台國等古代王朝。到了中古和近代時期，日本的中心逐步轉移至京都、奈良等關西地區；到了德川江戶時代，東京（江戶）成爲日本的中心。

明治維新時期「打倒幕府勢力」的四大藩當中，包含薩摩藩（鹿兒島）、長州藩（山口）、肥前藩（佐賀），使得這一帶有日本中心復活的跡象。但終究未能改變政治經濟中心往東京集中的趨勢。

雖然九州相較東北、北陸、四國等地區，人口較多、經濟力也比較強，仍只被視爲日本的一般縣市，面臨人口流失、高齡化危機。

這樣的九州，如今正期待透過半導體產業，重新在經濟層面上成爲日本的中心。衆所周知，這個半導體產業核心，就是台積熊本廠。

在九州，熊本一直與福岡相互競爭，直到明治時代爲止，熊本都比福岡發達；二次大戰後，熊本雖然經濟規模縮小了，但熊本人仍維持著高度自尊心。

此時台積以救世主之姿現身，人們便把「熊本復活」、「九州復活」的夢想賭在台積與半導體上。然而我也發現，九州和熊本瀰漫著一股對台積的莫名不安。

當地對台積充滿疑問

包括熊本在內，九州人們缺乏關於台積的資訊，完全不知道它是家怎樣的公司？怎樣的組織？裡面是怎樣的人？不只如此，台灣政府和台積之間是怎樣的關係？台灣和中國的關係又如何？台灣政府和日本政府之間呢？台灣新政府上任後會怎樣？這些疑惑持續擴大著。

還有值得注意的是，在熊本和福岡的演講會場，大部分提問都聚焦於水資源相關問題。

熊本與水有著特別的關係，市民生活用水都來自地下水，享受豐富的阿蘇水資源，水質乾淨又美味，熊本人也一直以此為傲。但半導體產業必須使用大量的水，過去也曾在台灣發生環境污染事件。

不只如此，或許台灣人不太能理解，日本二戰後最嚴重的公害事件「水俁病」（即汞中毒），就是發生在熊本縣。熊本人有著對環境問題特別敏感的地方特性，而「水」更是一觸即發的地雷級問題。

當然，針對排水問題，台積有對外說明，會使用循環水等相關技術。然而在我們演講時，聽衆和媒體仍很關心，顯示這些說明未完全傳達給關注此議題的人，也沒被充分理解。

在九州，我也從當地負責台積的記者那裡，聽到了以下各種聲音。

「我們多次寫信給日本的公關部門，卻完全沒收到回覆。」

「我們派記者前往台灣新竹的台積總部採訪，人都到了公司門口，卻吃了閉門羹。」

台積的產業型態是晶圓代工，也就是沒有品牌的大企業，以商業模式來說是Ｂ２Ｂ，並沒有Ｂ２Ｃ的經驗。

對企業客戶的照應和服務，台積無疑已獲得高度肯定；但對於設廠的在地社區，則尚有疑慮。

◓ 責任對象是全體國民

在台灣，台積是值得無條件信賴的大企業，但對日本人而言，是連商品都沒買過、沒聽過的公司。台積經營者必須理解這個鴻溝，如今美國廠也面臨與當地溝通的問題，或許可說是跟熊本一樣。

日本投入超過一兆日圓補助台積建廠，也就是說日本國民將很多稅金給了台積。台積該負責的對象，不只是股東豐田和索尼，還有日本全體國民，尤其是工廠所在地熊本、九州的民眾。不能小看獲得日本補助金所伴隨的風險。

在此，我對台積有兩個建議。首先，在工廠內外，設計讓台灣人和日本人更加彼此融合的計畫。另外一點，是強化對日本方面的宣傳，包括媒體應對。

台積前進日本，對日本來說無疑是有利的；對台積、台灣也有利；對於將來台日關係、半導體同盟的強化也非常重要。前進日本這件事不能失敗，如果在此受挫，會對未來合作關係造成很大傷害。

爲了讓台積前進熊本達到最大效果，關於台日社群的融合、公關系統的強化這兩點，台積經營層必須付出比過往更大的心力。

守護台灣民主與自由的一代

唯有台灣自己能創造台灣的未來，就算排除萬難，需要經歷很多苦難，也要走向自立自主的道路，現在台灣人的共識大概是這樣。

台港新生代人物旋風風靡日本

台灣的科技政委唐鳳跟香港民運人士周庭，看似毫無關聯的兩個人，卻有一個共同點。在這個二〇二〇年，兩人各自代表自己的故鄉，成為日本人心中最有影響力的外國人。

● 片假名的特殊待遇？

除此之外，他們還有一個共同點，就是日本人都以片假名稱之。唐鳳在日本是Audrey Tang，日本人過去從未這樣叫她。我在報導中寫到「唐鳳」時，還被改為片假名的Audrey Tang。

至於周庭，日本人不以周庭稱之，而是偏好Agnes Chow。

仔細一想，這很不可思議。

比方說，日本人不會以片假名的「Ying-Wen Tsai」稱呼總統蔡英文，或是「William Lai」稱呼副總統賴清德。

對於香港，日本人確實傾向以英文名稱之，例如港星李小龍的Bruce Lee、成龍的Jacky Chen，還有特首林鄭月娥的Carrie Lam等。因爲英國曾統治香港，因此香港人用英文名字也很普遍。

但是這兩個人，顯然打破了外國人的常規。光是二〇二〇年到隔年初，唐鳳在日本出版的書就有三本。

老實說，曾來詢問我要不要爲她寫書的日本出版社也有兩間（但我認爲有比我更合適的寫手，於是婉拒了邀約）。

過去，台灣好像沒有出過一本關於唐鳳的專書，現在卻成了日本先出版再賣回台灣的形式。

日本媒體刊載的唐鳳專訪，數量也快速膨脹。各種論壇、國際交流的場合，唐鳳都是來者不拒。對日本人來說，唐鳳說的話，已經是聽到不能再聽，如同「指向開放未來的心海羅盤」。

我上電視節目通告時，要談論台灣新冠肺炎的防疫政策總是很辛苦。因爲主持人總認爲唐鳳就是台灣防疫政策的關鍵人物，並一直發問有關唐鳳的事情。

確實，台灣政府的防疫策略裡，唐鳳對於科技政策、宣傳策略，還有口罩app等都有很大的貢獻。可是防疫政策的中心，還是應該提到陳時中、蔡英文、陳建仁等人，但日本人腦中的印象，已經變成「台灣防疫政策等於唐鳳」了。

對於周庭，我也有同樣的煩惱。

周庭在日本的知名度非常高。本來，她就是喜歡日本的動漫、娛樂，自然而然學起日文的少女。

二〇一四年的雨傘運動，也因爲她可以日文溝通，而負責跟日本媒體聯絡。確實，周庭在香港曾被稱爲「學民女神」，在日本被「翻譯」成「民主女神」。

周庭很不簡單，日文愈來愈好，直到現在還可以把政治的訊息用日文傳達出來。她在日本常受邀去演講，上電視的機會大幅增加，廣受歡迎。周庭的推特追蹤者將近六十萬（我的是一萬人），也被日本媒體選爲五十大影響力人物。

香港本土派的年輕人之中，周庭和黃之鋒、梁天琦比起來，並非特別醒目。但她是從日本紅回香港，因此備受關注，這次甚至受到國安法影響遭逮捕、監禁，在台灣和全球都成爲焦點。

其實，人在本國和異鄉扮演的角色不同，這並不稀奇。

◓ 不同環境扮演的角色

我自己也是如此，在台灣的角色通常是「會說中文、熟悉台灣，也能談日本的日本作家」，但在日本的我，是「熟知台灣、香港、中國等國際局勢的媒體人」。

因此，雖然我在台灣，也有李四端的《大雲時堂》會找我上節目，但在日本上電視的時候，多半是嚴肅的新聞節目。

還有在中國，因爲我寫故宮、蔣介石的書賣得很好，在中國演講的時候就成了「熟知歷史與兩岸的日本作家」，跟台灣或日本的角色都有些微不同。

棒球選手也是如此。

在日本和台灣的全壘打好手，在美國可能是中距離打者。在日本是救援投手的，到了美國，也會變成先發，反之亦然。

環境和條件的不同，會讓我們的人生扮演起不同角色，這樣的例子不少。

重要的是，不管在什麼地方，都關乎到能不能深刻認識自己扮演的角色，珍惜跟當地人的交流，讓他們看見自己的言語和行動有何意義。

因此，唐鳳即便無法說日文，面對日本媒體的採訪如大浪襲來，她仍積極回應，扮演出面對「日本」這個市場時該有的角色。

唐鳳的貢獻在於，日本因此認識到台灣的科技、ＬＧＢＴ、多元性，以及開放政府等，讓台灣整體在日本名聲大噪。

周庭也是一樣。本來，日本對於香港的問題沒有太多關注，但許多日本人因爲她的關係而認識香港、擔心香港。

周庭在日本受到矚目後，反而因此被中國政府盯上，這次被判處監禁的機率很高，實在令人遺憾。但若周庭沒有犧牲自己、引起日本的注意，日本對香港問題的關注也不會像今天這麼高。

台灣與香港的新代表

這兩個人的存在，對日本來說都是饒富深意，對台灣和香港也是如此。

本來深受日本人喜愛的台灣領導人李登輝不在了，本來是香港代表的演員成龍，也無法說是代表香港了。

今日，台灣代表唐鳳和香港代表周庭，正在日本成爲代表兩地的新象徵人物。

把台灣的事變成日本的事

近年，我演講時總會說：請看看日本的周遭。中國不會停止軍事擴張，北韓不會放棄發展核武和導彈，南韓不會停止抗議歷史問題，俄羅斯不會返還不法佔據的北方四島。

雖然南韓沒有對日本造成國安威脅，但日本仍被四個不友善的鄰國包圍。日本國民可以安心來往的鄰居在哪呢？大家聽了總會沉默。

這時候我就會接著說：「只有台灣，不是嗎？所以，日台關係非走強化這條路不可。」

我當然希望日台關係不受日中、日韓關係影響，而持續發展。但日中關係惡化之際，日本人對於和中國對立的台灣會產生更深刻的同情，這也是事實。

雖然不是零和遊戲關係，但要完全並立，十分困難。中國一直無法容忍日台建立更友好的關係，那就無解了。

最近有一項將會對這樣的日台關係造成重大影響的政治決定。

二〇二二年十二月，岸田政權在臨時內閣會議上通過了新版《國家安全保障戰略》等三份文件，成爲日本戰後國安政策轉向的一環。

◓ 二戰後最大國安變革

依據新文件，日本二〇二三年起的五年內，國防預算將提升至現行預算的一．五倍以上。文件內容也首度寫明，將對敵軍擁有「反擊能力」，這是日本過去未曾認可過的目標。內文當然也顧及了中國、北韓與俄羅斯的威脅。

岸田是個奇怪的人。在前首相安倍晉三的國葬、撤換捲入醜聞的幕僚，這類不重要的事情上缺乏決斷力，最終因爲應對速度太慢導致複雜化。但對敏感議題，就會斷然做出決定。

岸田重新啓動福島核災後停用的核電廠，在疫情對策上也提出看似過分慷慨的預算。接著又透過內閣會議，擬定可說是根本轉變戰後日本防衛政策的國安三文件，內容包含大幅提升國防預算，甚至跨入將國防經費提升至國內生產毛額二%的「聖域」。

如果是「鷹派」的安倍這麼做，大家都可以理解，但「鴿派」的岸田做出這樣的決策，給人迷惑不解的感受。

不過，岸田在記者會提出「目前日本國安環境是歷史以來最險峻」的說法，日本人看起來還是能夠認同，反對聲浪不那麼大。最受矚目的批評來自安倍派。

安倍派認爲，以增稅來提供國防預算金源的做法，與安倍靠舉債取得金源的想法不同。這算是技術性問題，也可以說是反映出安倍派和岸田政權之間的矛盾。

我認為日本的國防政策需要這次決定，是各方意見完全一致的。日本國民也支持，因為已經感受到日本周遭的確日益險峻。

特別是因為台灣與中國之間「有事」的機率上升了，日本無論如何都得預做準備。爾後，日本也會強化鄰近台灣、中國的島嶼駐軍軍備，例如被稱為「南西諸島」的沖繩縣與那國島、石垣島等地。

問題是，日本和台灣未來有沒有辦法在軍事上合作？

把台灣的事變成日本的事

我近期來台時，總會被問到「日本會修憲嗎？」在這件事情上存在一個誤解。有些台灣人期待日本修憲後，台灣出事時，日本或許就能出手相助。

自民黨確實有可能靠著議會多數，在日本推動修憲，主要的修改處有二。第一，將「自衛隊」改為「日本軍」；第二，則是調整「禁止派兵至海外」的內容。

前者獲得輿論支持。因爲不管怎麼想，自衛隊就是軍隊。此外，近來日本自衛隊因爲救災的關係相當活躍，獲得人民支持。

但另一方面，要改掉禁止派兵海外的現行條文，則受到輿論強烈反彈。支持率低落的岸田應該不會走到那一步。只要這項條文還在，自衛隊也好，日本軍也好，都無法軍援台灣。

但倒也不能說台灣有事的時候，日本什麼都做不了。已故的安倍曾說：「台灣有事就是日本有事。」事實上，這句話後面還要接著「日美同盟有事」。

也就是說，對日本而言，其實台灣有事，要先變成日美同盟有事，才會變成日本有事。

在台灣，除了熟悉國安與外交議題的人之外，幾乎沒有人理解這席話的意思。台灣有事就是日本有事的說法，就在這樣的情況下廣爲流傳。

試想，台灣被中國的飛彈攻擊了，台灣人死傷無數，中國解放軍正大量橫渡台灣海峽；這樣的情況極為慘烈。但由於日本並非台灣的同盟國，僅是如此，仍沒有辦法提供台灣任何軍事支援。

但若美國採取行動，情況就不一樣了。

美國前來援助台灣之後，美軍在日本的領土、領海或專屬經濟區遭到攻擊，日本基於日美同盟的集體自衛權，就必須支援美軍。日美聯軍遭到攻擊的時候，日本當然也可以堂堂正正地反擊。換言之，台灣有事會不會變成日本有事，將受到中、美動向影響。

這一次日本大幅改變國安政策，長遠來看，對台灣的安全而言絕對不是壞事。日本是真的擔心台灣發生事端，並要確保自己做足準備。之後也可能在可行範圍內，與台灣建立合作體系。展現出這樣的態度，也有嚇阻中國進犯的效果。

中國對台灣的威脅遠大於對日本的威脅，台灣的國安政策也將影響日台合作的方式。然而，這方面的討論，應該得留待二〇二四年一月台灣總統大選之後了。

未來＊一年將決定台灣的命運，也將決定日本與台灣的未來。

＊本文撰寫於二〇二三年。

台灣親美又疑美，日本不懂的情仇

最近難得又看到「疑美論」這個詞浮出台灣媒體版面，日本有些媒體也介紹了這個動向。

當我在演講等場合說明「疑美論」時，一定會有人問我：「台灣人不是親美嗎？」要回答這個問題實在不容易，總是讓我有點鬱悶。

首先我想談談日本媒體對台灣總統蔡英文訪美所提的論調。當蔡英文訪美之際，日本主流報社都刊登了相關社論，這是在日本媒體極爲罕見的例子。

台灣的總統選舉隔天或隔幾天，日本媒體依照慣例都會同時刊載相關社論，但也僅四年才一次，像這次各家媒體同時報導實在很難得，可看出日本對台灣情勢的關心度非常高，也很在意中國如何反應蔡英文訪美一事。

日本的報紙雖然沒有像台灣那麼明顯，但還是有一定的政治立場，主要分成保守派及自由派。保守派的報紙對中國的論調都較爲警戒，自由派的報紙則傾向表現得與中國較爲融洽。

但自從習近平表明愛國主義及軍事擴張路線後，日本各報社在論述中國和台灣問題時，這兩派的論調差異明顯減少。這次蔡英文訪美之行，各家報紙的論述都沒什麼太大區別。

◓日媒一致挺蔡訪美

保守的《產經新聞》寫：「台灣並不孤立，也不能被孤立。爲了守護台灣的民主主義，西方各國需要團結一致。岸田政權也應在國家安全保障政策中，放入台日互助強化這點。」

另外還強調不但得強化台美關係，台日關係也得加強，不過這個論述已在我預料範圍內。

比較令我驚訝的是自由派的《每日新聞》寫道：「蔡英文此次是就任後的第七次訪美，與拜登政權高官並未有所接觸。可以清楚看見台美有意避免造成區域間的不安，中國也不需爲此過度反應。」清楚表明支持蔡訪美的立場。

同是自由派的《朝日新聞》也說：「中國雖然強烈反對蔡英文訪美，但這次可說是台美接觸的慣例行事範圍內，期許中國能夠冷靜看待。」「美方出面迎接蔡英文是以議員爲主，而非政府。美國並不構成中國所批評的違反約定一事。」這些論述都表現出維護蔡英文的立場。

也就是說，中國的主張幾乎沒有滲透進日本，日本反而一致認定當今台海不安定的主要原因是中國。可以篤定地說「疑美論」在日本沒有擴張的餘地。

關於這一點，日本人不得不驚訝「疑美論」在台灣發酵出一定程度的影響力。

美國多次背叛台灣

其實中國長年以來，一直對日本散播「疑美論」的消息，像是「比起信任投下原子彈的美國，不是應該更信賴中國嗎」、「冷戰後的日美同盟已經過時了，日本應當更聰明地在美中之間取得平衡」。

但中國的這些認知戰略，卻沒有在日本社會達陣。我的理解是，日本和台灣間存在著對美情感的溫度差。

以前日本和美國打仗打輸了，戰後被美國佔領，其後加入西方陣營，締結美日同盟，日本隨後經濟發展復甦，美日間構築了深厚的政治、經濟、人文交流等各種連結。

雖然美國曾空襲日本、殺戮民眾，也曾在廣島和長崎投下原子彈，但不造成反美情結。

反觀戰時中華民國曾與美國共同抗日，戰後卻好幾次被美國背叛，像是美國曾宣示不介入台海，時任總統尼克森飛北京與共產黨握手，還經歷了小布希和歐巴馬對台極冷淡的時期。

台美沒有正式外交，所以來往的重要人士只能限於像蔡英文或馬英九那樣的留美菁英。雖然美國釋出安全保障作爲台灣的後盾，但經濟和民間的互動還是以中國、日本爲重。

我認爲就是這一部分造成台日對美情感有所落差。

盲從美國是不必要的。美國的確非常爲所欲爲，打著同爲自由主義陣營的口號，卻常以「老大哥」的姿態施予同盟和友國過大的壓力。雖然如此，還是值得相信美國對於今日的發展和安全，是出於善意而站出的。

挑起緊張的是中國

刻意塑造日本是中美對立間的「棋子」，使日本處在危險的狀態，這種認識在日本是非常稀少的，反而會在台灣散布開來，實在很不可思議。

每年以驚人速度不斷擴張軍事範圍的是誰？對台軍事威脅的是誰？單方

面變更南海現狀的是誰？在無正當理由之下將我們的國民、友人長期拘捕的又是誰？

在台灣八旗文化總編輯富察被中國拘捕前，日本的製藥公司駐北京職員也被中國拘捕。

中國若取消二〇二四年的國防預算增額、釋放政治犯、停止擴張東海和南海勢力範圍的話，我們或許還能比較放心看待，但這樣的光景是不可能發生的。

中國經濟的確有很重要的地位，而且也不是整個中國都是日本的敵人，經濟交流和招攬觀光還有民間交流都是必要的；但要成爲眞正的朋友還是沒辦法，客觀的現實面就是這樣。

台灣總統大選將至*，也出現愈來愈多引導政治風向的言論，爲了獲

*本文撰寫於二〇二三年。

勝，不得不產生某種程度的爭論，但「疑美論」是有點過了頭。

台灣社會存在於自由主義思想和民主主義制度中，守護此價值的同時，努力朝著「自立自主」邁進，美日因此對台灣都很敬重。

若台灣持續深信「疑美論」，應該只會使美日兩國失望，走向依存中國勢力的路吧。

延續台日情誼，台灣新外交急需「脫安倍派」

日本政治在這二十年間，一直都是以安倍派爲中心在運作。安倍晉三政權持續了九年，若沒出現新冠肺炎的話，應會維持更久。又或是沒有發生暗殺事件的話，勢必會實現第三次安倍政權。

政治是殘酷的，雖是結果論，但新冠肺炎和暗殺事件奪走了安倍派的所有氣勢。

● 政治獻金疑雲籠罩

政治獻金申報不實疑雲正籠罩著日本，安倍派就是問題最核心的部分。

安倍派議員的問題連日遭日本媒體報導，仔細想想覺得滿不可思議的，爲何安倍過世後還是叫安倍派呢？

其中也包含安倍派凋落的主因，安倍逝世兩年依然沒辦法決定誰是下一任領導，最大理由就是安倍派未存在著能與安倍匹敵的政治家。

雖然萩生田光一、世耕弘成、高市早苗等政治人物是「安倍接班人」的候選人，但預計還需要十年的時間才能達成；就像現在民進黨的鄭文燦與陳其邁、國民黨的盧秀燕，這樣層級的人。

安倍派落日時刻逼近

作爲下個世代的領導人選，若他們在安倍指導下累積更多經驗，應有機會成爲首相人選。

但安倍這隻母雞突然不在了，小雞們開始吵著嚷嚷「我是接班人」，而狀況愈來愈無法控制，安倍派轉型爲「八人」或「五人」組成的集團指導制度，終於在近日浮出政治獻金不實申報的問題。

這場疑雲風暴的結構其實很單純。

安倍派每年多次召開大型政治獻金募款餐會，其收入會回扣給所屬議員。餐券一張兩萬日圓，能讓各自的支持者買多少餐券，是議員們展現手腕之處，餐券收入雖會上呈給黨部，但超收的部分則回扣給議員。回扣本身並未違法，但日本的「政治資金規正法」規定須將其回扣金記作「收入」於帳本，若未刊載即違法，就算一時疏忽未記帳，也會被國會追討，甚至有議員曾因此辭職。

這次安倍派議員被發現未記載總額高達數億日圓的「回扣金」，最糟糕的是，幾乎所有安倍派成員都有利用此獻金回扣系統。

要說他們有計畫地以派系力量在背後做假帳也不奇怪。而且跟回扣金有牽連的面孔都是安倍派的幹部，有萩生田、世耕、官房長官松野博一等一字排開。

東京地檢特搜部正在搜查本案，想必很快就會立案。

首相岸田文雄如此堅定要將安倍幹部全替換掉，看來安倍派將從內閣至黨務被一掃而空，而今後也無可避免走向削弱和分裂，可謂安倍派的落日。

◓ 須重新建構對日人脈

出現的問題，包括為台日關係帶來影響。

安倍派原本是前首相岸信介成立的派系，思想信條是保守親美。對台關係從與蔣介石深交的岸信介以來，在台灣二〇〇〇年政權交替後，一直與民進黨、國民黨都保持良好關係。現在日本最大親台派議員、聯盟日華懇會長古屋圭司雖不是安倍派，但也與安倍很親近。

印象中，台日間的議員外交，安倍派就佔了八成左右。日本贈送台灣疫苗的事依然讓人記憶猶新，當時也是前首相安倍和古屋等日本安倍派系的親台議員，積極爭取下才使日本政府動作。而扮演招攬台積電至日本設廠的大功臣，也是與安倍很親近的甘利明議員。

也就是說台日關係，是以前首相安倍和安倍派爲中心運作的。

安倍過世後，安倍的人脈仍然重視台灣，萩生田、世耕、古屋等人也積極訪台，營造出熱絡的台日關係。但安倍派若就此凋落，今後台灣就得再建構對日外交的人脈。

針對岸田派、麻生派、茂木派這三個當前的有力派系，雖然和台灣方面有所聯繫，但都沒有像安倍派一樣有「一定要重視台灣」那樣的理念。

總結台日關係相關人士的看法，岸田文雄對台灣並不冷淡，卻也不熱情。岸田出身的派系宏池會，本來就與中國關係密切，同屬宏池會的前外交部長林芳正，以及現任外交部長上川陽子，對於台灣基本上都未曾積極發言過。

現在日本輿論偏向同情台灣，雖然樂於接受嚴格批判中國，但若冷卻對台的關係，一定會造成反彈聲浪。

建立「脫安倍派」策略

不過，未來日本政界人士會多麼重視台灣，各家態度分歧，今後台灣的外交可能會變得困難重重，日本政府積極幫助台灣加入CPTPP的可能性也會變得很低。

議員外交是台灣的生命線，須像蕭美琴致力對美外交、獲取美國議員支持一樣，對日外交，得注入更多心力開拓安倍派以外的人脈。

二〇二四年一月總統大選將至*，不論哪一個政黨獲勝，均須成立新的外交團隊。屆時須以脫安倍派爲前提，將總統府、外交部、立法院所組成的隊伍團結起來。

實際上民進黨也好、國民黨也好、民眾黨也好，了解日本政治、能用日語溝通的「知日派」並不多。希望台灣也能投入心力在長遠的人才育成上面。

台日民眾深厚的情誼，再加上經濟交流如此熱絡，當台灣在美中競爭遊戲中如同棋子被操縱時，也能秉持著「台日友好」，與日本構築不被時勢左右的安定友好關係。

在此願景下，希望未來新政府能描繪出對日外交中「脫安倍派」的長遠策略。

＊本文撰寫於二〇二三年。

後疫情時代的台日關係轉變

李登輝前總統的過世固然令人惋惜，卻也令我們注意到，是時候讓台日關係進入新時代了。

關於李登輝，日本現在仍在持續出版統整他生前言論的出版品，大衆對其懷念情感可見一斑。一九九四年司馬遼太郎出版《街道漫步 台灣紀行》以來，李登輝在日本便成爲了關鍵性的存在，要談台日關係就不能略過李登輝。李登輝的過世象徵著一個時代名副其實地結束了，也意味著台日關係即將迎接「後李登輝時代」的新局面。

從一九五〇年代到一九七〇年代，前總統蔣介石是台日關係的一個象徵，主張戰後對日本的戰爭責任應當從寬處理的「以德報怨」這個說詞，成爲重視台日關係的人們口中的關鍵詞。另一方面，在一九九〇年代以降引導台灣邁向民主化的李登輝，其使用的日語詞彙比日本人更像日本人，談論哲學與歷史的樣貌使許多日本人爲之著迷，日本因而出現了許多李登輝的粉絲。

但是像蔣介石或李登輝這般象徵台日關係般的人物，今後恐怕是不會出現了。在日本，前首相安倍晉三與防衛大臣岸信夫作爲親台派政治家，今後也將維持重鎮地位，台灣這邊也有如賴清德副總統等親日政治家存在，但我們沒必要拿他們來與蔣介石和李登輝比較。李登輝和蔣介石是在戰爭與殖民統治這樣的時代背景之下，才有可能誕生的非凡領袖人物，而今後，我們即將迎接不存在這類領袖人物的台日關係。

◓ 認爲「台灣很棒」的日本人

日本現在正燒著一股空前的台灣熱，許多人異口同聲的讚許「台灣好棒」、「我們應該向台灣學習」，引起強烈反應的因素當然是台灣防疫措施的成功。台灣至今＊累計確診人數仍在一千人以下，這與每日確診人數破千已是常態的日本相比，簡直是異次元等級。

作爲附帶效果，在口罩政策上大大活躍的唐鳳在日本的人氣也不斷沸騰，甚至超越了本國台灣。對於爲性別不平等以及IT技術不夠普及而煩惱不已的日本而言，唐鳳的存在本身就象徵了台灣的先進性與開放性，同時也成爲意欲改變現況的人們的參考對象。

這一波台灣熱的出發點還是在三一一東日本大震災，來自台灣的大筆捐款，當時主要來自民間的小額捐款就高達二〇〇億日圓（以現在的匯率來算約二五〇億日圓）。不過那時，日本媒體並未聚焦在報導這個部分，可以說捐款的資訊是被淹沒在大量關於震災、核災的報導之中的。但在那之後，日本人不斷一再表達對台灣的感謝之意，捐款一事遂成爲在日本無人不知的「神話」，這中間的經過使人聯想起種下的種子終於發芽，逐漸開出燦爛花朵的樣貌。

◓ 日本不再能啓發台灣

另一方面，日本對於現在的台灣，究竟能帶來什麼新的「價值」與啓發，說眞的，筆者還眞想不太到。日本的歷史與次文化依舊具有高度人氣，疫情之前也有許多台灣人蜂擁而至，前往日本觀光；但對於現代日本社會的情形，台灣民衆其實興趣並不高。台日間相互往來不方便的狀態，二〇二一年後也將可能持續下去。台灣人對日本的關心能持續到什麼時候，還眞令人擔心。

回顧歷史，日本總是走在台灣的前方。日本佔領台灣後，修建基礎建設、普及教育、改善醫療與衛生環境等，讓台灣走向了現代化；戰後，日本

*本文撰寫於二〇二一年。

也是台灣主要的投資國，台灣向日本學習了不少科學技術與社會制度。但是至少就過去這十年來看，日本雖有受惠於台灣之處，其所能給予台灣的，卻似乎少之又少。從經濟面來看，日本的「日之丸」半導體發展放緩，反而是台灣的台積電（ＴＳＭＣ）擁有世界頂尖的生產能力，被美國視為戰略合作對象而受到珍視，這也提升了台灣的國際地位。台灣鴻海買下日本夏普，這件事也象徵著日本以往在ＩＴ、電子產業的優勢已逐漸動搖。

不能再仰賴捐款一事的話題了。今後我們必須重新思考，究竟對於台灣而言，日本能夠提供什麼樣的「價值」？

◓ 兩情相悅的台灣與日本

目前的台日關係，基本上是由對彼此互持好感的人們之間的交流所撐起的，台灣產的鳳梨被中國管制後在日本引起購買潮，這正是這種情況的表現。這與主要是基於國家利益與經濟利益因素考量而力圖改善的中日關係，形成鮮明對比。

我們也可以從輿論調查的數據證明這點。根據去年十二月台灣的台北駐日經濟文化代表處公布的意識調查結果，對於「你感到最親近的是哪個地方？」這個問題，在「台灣、中國、韓國、泰國、新加坡、其它」等選項中，有四十九・二％的日本人選擇台灣，韓國則是十七・一％，新加坡十三・一％，泰國十・五％，中國二・九％，可見日本人對台灣的高度好感。

另一方面，根據台日交流協會於二〇一九年二月公布的台灣對日本輿論調查結果，在「你最喜歡的國家是哪個國家？」這個問題中，有五十九％的人回答日本，大幅領先中國的八％與美國的四％。這個數字差異，年齡層愈低便愈發顯著，可見以往我們所認知的，「在台灣受過日本教育的日語世代等老齡人口對日本的好感度較高」這樣的理解已經遭到顛覆。

若單看數字，毋庸置疑地，同樣是東亞地區，日本對中國、南韓、北韓等國抱持著複雜的國民情感，對台灣則不存在這個問題。然而重要的是，我們是否能使兩地彼此之間的良好情誼，充分發揮其應有的效用？

◓外交進展緩慢

就外交關係而言，在國民黨馬英九執政時期的二〇一三年簽訂台日漁業協議後，兩地之間並未再取得顯著成果。二〇一六年誕生的民進黨蔡英文政權與當時日本的安倍政權之間，似乎總有一種如「釦子釦錯」般的不順，予人一種在外交方面進展沒有很大突破的印象。

台灣方面不斷要求與日本簽訂ＦＴＡ（自由貿易協定），並加入由日本主導的ＣＰＴＰＰ（跨太平洋夥伴全面進步協定），對總是受到國際社會排擠的台灣而言，加入此類經濟協議可說是畢生心願。但日本這邊要求台灣解除對福島等五縣農水產品的進口限制措施，礙於食安問題在台灣是敏感話題，會引發大眾反彈，因此這要求也未能實現。台灣就這樣無法加入並簽訂經濟協定，反而是包含中國在內的ＲＣＥＰ（區域全面經濟夥伴協定）先行誕生，使得台日關係的推動予人一種氣勢低落的印象。

關於這點，當然有著偶然因素，有其不走運之處，但台日雙方仍有一定的責任。就筆者的印象而言，本來台日關係應該能以時速六十公里奔馳的，現在感覺卻只加速到四十公里。究竟原因何在，筆者衷心希望在震災屆臨十週年的今年，相關人士能夠冷靜地好好討論。

打造並共享台日未來藍圖與具體計畫

就筆者個人觀察，台日之間對於應勾勒並共享何種未來藍圖，似乎未有足夠的中長期戰略。爲了在台日間打造具體的政策目標，能做的事情還有很多，比如建構非官方的對話平台等等。於此，我們需要計畫讓台日雙方在經濟、文化、學術、觀光，乃至軍事、外交層面，在沒有邦交的情況下，盡可能抽出能夠交流的方式，並盡量系統性地縮短彼此的距離。

以往的台日關係總是被視爲中日關係的反面，日本往往優先考慮與中國的關係，台灣很多時候就被晾到一旁。但放眼今日局勢，為了中日關係而犧牲台日關係的做法已經逐漸走入歷史。台日雙方要推動進一步的緊密關係，已經有了名為「民意」的引擎，接下來只要發動引擎、勇往直前即可。為此，我們需要有具體的計畫，而這樣的計畫，終將成為政治巨頭不存在、超越捐款神話的「後疫情時代」中，建構嶄新台日關係的指南地圖。

國際漏看台灣民意
——我認為中國會加強「投資」柯P

◓ 賴清德於總統選舉中獲勝

這次海外媒體對台灣選舉的注目程度堪稱史上最高，我認識的日本媒體人都相繼造訪台灣。有趣的是，滿多人看到一月十一日民進黨的凱道聚會後，預測賴清德會大勝，民進黨會獲得過半數立委席次。

但我內心笑了出來，台灣選舉很容易造成「內行看門道、外行看熱鬧」。

事實上在二、三週前大勢已定是很正常的，投票前就算發生什麼事，影響也有限。就算是馬英九「相信習近平」的發言，也沒能成爲民進黨期待的大加分。

選舉當天，日本各大電視台將台灣選舉作爲頭條新聞；隔天各大報頭版也刊登賴清德當選的消息，很多社論也提及此事。

日本在一月一日發生能登半島大地震，二日羽田機場發生日航班機與海上保安廳飛機相撞事故，若沒有這兩件大事，台灣總統選舉應該會被報導得更大。

就我觀察，日本或國際社會對台灣選舉的報導方式，與台灣國內有嚴重的「兩個落差」。

兩岸其實在民生之後

首先，國際媒體怎樣都會走向以「美中」或「兩岸」對立面來分析台灣選舉。因爲這樣報導比較好懂、好寫、比較受上司和讀者歡迎。加上可把複雜事情單純化，不需努力鑽研，所以容易走向這種路線。

發生香港問題之後的二〇二〇年選舉，或是太陽花運動後的二〇一六年選舉，的確可用這種路線來報導。但這次對台灣有投票權的人來說，他們是以生活、經濟、民進黨腐敗、土地正義、候選人資質等爲優先考量，兩岸或美中應該是在這些之後了吧。

當然美中和兩岸對台灣來說是極重要的問題，但從二〇〇〇年以來，經過陳水扁、馬英九、蔡英文政權，對美中及兩岸問題，台灣本身的選擇已大概明瞭。

不想和中國打仗，也不想被統一；想持續經濟交流，但對「兩岸一家親」沒什麼興趣；對中國內政的人權或民族問題抱持批判思考，但認爲那只是「外國」的問題，不一定和台灣人自身利益有關聯。

而美國是國防與經濟所仰賴的「大哥」，也是第一好友，台灣盡可能想維持良好關係，但怎樣親近還是無法獲得外交認可，有著只要美國政策改變就會被拋棄的風險。

日本雖和台灣心靈相通，但無法成爲台灣外交與安全保證的依靠。就算前首相安倍說過「台灣有事就是日本有事」，但台灣若被捲入戰爭，日本自衛隊是不會衝去相挺的。

結論是中國也好、美國也好、日本也好，在戰略或國家目標的意義上非常重視台灣，但不代表他們愛惜台灣人。

唯有台灣自己能創造台灣的未來，就算排除萬難，需要經歷很多苦難，也要走向自立自主的道路，現在台灣人的共識大概是這樣。

因此爲了選出可靠的政府和立法委員，選舉會出現很高的投票率。若他們表現不理想的話，就會像二〇一六年的國民黨和這次的民進黨一樣，受到人民懲罰。民衆黨也是，若鬆懈傲慢的話，二〇二八年會變怎樣也未可知。一切取決於民意，不過台灣人的心聲常被只關注美中或兩岸構圖的國際媒體忽略。

柯P和民眾黨聲勢被低估

第二個落差是關於柯文哲。過去台灣第三勢力總是崛起後又消失，民進黨和國民黨的牙城都沒崩塌過。但這次總統選舉，柯文哲獲得二十六％選票，民眾黨取得兩成政黨票，在台灣政壇可說是奇蹟。

一九五〇萬個選民中，有三七〇萬人信任柯文哲。若沒有柯文哲的話，賴清德的票可能超過五成；若沒有民眾黨的話，國民黨在立法院就會過半數了。

爲什麼年輕人都投給柯文哲呢？尋找這個謎底，是分析這次選舉不可或缺的一環。

不過外媒幾乎沒有將柯文哲現象作爲一大議題報導，甚至還有像《讀賣新聞》寫「柯文哲在選戰途中失去支持」。但事實並非如此，柯文哲不但一直保持兩成支持率，藍白合破局後也沒有邊緣化，甚至最後還提高了得票率。毫無疑問柯文哲是這次選舉的「隱形主角」。

中國也許已深刻察覺此事。

今後中國應會加強「投資」柯文哲，並和民眾黨、國民黨合作，對抗民進黨執政。這次選舉顯現出國民黨的極限，雖在立法院或地方選舉可取得勝利，但在「決定台灣未來」的總統選舉則怎樣都無法獲勝。

年輕族群愈多，國民黨的支持率就愈低，爲了不將年輕選票交給民進黨，對中國來說，柯文哲和民眾黨有利用價值。我預測今後中國的基本戰略會變成鞏固「藍白合」，並在下次總統大選時推出柯文哲作爲兩岸統一的候選人。

台灣受國際矚目並非壞事，選舉對台灣來說可算是最大宣傳。我也會貢獻棉薄之力，持續爲台灣報導下去。

台日不一樣的小地方

台灣非常重視性別和族群平等，但對於語言上騷擾的因應好像還沒日本那麼囉嗦。好好守護基礎部分，其他地方保留某種程度的包容。若不這樣做的話，幽默或媒體都會消失殆盡。

名古屋台灣人研發出「台灣沒有的台灣拉麵」

探索「台灣拉麵」或是「台灣乾拌麵」等席捲日本飲食界的使用辣炒絞肉的「台灣風」原點，可以追溯到位於愛知縣名古屋市的「味仙」這間中華料理店。味仙的創業者，目前仍站在經營第一線的郭明優先生，是生長於日本的台灣人。這樣的郭先生，究竟是如何創造出「台灣沒有的台灣拉麵」，並普及到日本全國呢？

◓ 台灣人在日本推廣的味道

在日本，廣義的中華料理既然是外來料理，它的傳入路徑並非單一，主要可分為中國北方、中國南方、台灣，這三大類別。例如，國民美食的餃子，其源流是中國北方的「鍋貼」，但也有說法指出是由中國東北地方的人或是曾在滿洲生活過的日本「引揚者」（戰後自海外遣返者）傳入的。

另一方面，同樣是在日本全國相當受歡迎的中華什錦麵（ちゃんぽん），是由移民到九州長崎的福建人所傳入的，位於長崎中華街，中華什錦麵的代表店「四海樓」餐廳創業者就曾寫過，其原型來自「湯麵」。

另一個傳入路徑則是曾受日本統治長達半世紀的台灣。有許多融入日本社會的台灣人是透過「料理」謀生，養家餬口。其中，讓味道及調理法普及開來的料理，最具代表性的莫過於位在愛知縣名古屋市千種區今池的「味仙」所推出的「台灣拉麵」。筆者前往今池總店訪問味仙的創業者郭明優（八十一歲）。＊

＊本文撰寫於二〇二一年。

◓ 從尼崎到名古屋

郭明優的祖先出身於台灣中部的台中大甲，經營貿易的富裕人家，明優的父親郭明仁是家中么子，一九三八（昭和十三）年渡海到關西工作，認識了同樣是出身台灣的玉蘭，結婚後在一九四〇年生下長男明優。一家人在兵庫縣尼崎市迎接終戰。

「現在，一旦發生地震等天災時，大家都會關心台灣，但是戰爭期間完全不是那回事。當時還遇過就算是自己的防空洞燒毀了，只因爲是台灣人，就不讓你進入其他防空洞的事情。」

爲了重新展開生活，一家人從尼崎搭火車，本來打算前往東京，因故在中途下車，於是就在名古屋住了下來。父親明仁利用配給的麵粉等物資，做起小生意，賣炸饅頭勉強養家餬口，並且在名古屋車站附近開了間中華料理店「万福」。

身爲「戰勝國民」的特權，享有駐日盟軍總司令（ＧＨＱ）的優渥配給，以及從台灣寄來的生活費，比日本人更容易拿到麵粉。利用這樣的優勢，同樣在戰後初期飲食業界展開生意的台灣人，還有販售「雞湯拉麵」的日清食品創業者安藤百福，及在大阪創業的肉包店「蓬萊551」的羅邦強，這是當時在日本全國廣泛可見的狀況。

不過，万福的經營不穩定（之後改名為大和食堂），起伏大，當郭先生進入高中就讀時，連繳學費也有困難。郭先生決定繼承父親的衣缽，把店名改為「味仙」，重新出發。之所以使用像是「酒仙」、「詩仙」等究極之道的人，冠上「仙」字，是因為從小就在店裡幫忙，對於料理有自信的郭先生所展現的氣魄。之後，店址遷移到今池，他放棄升大學，幫助家裡，開始接掌店的經營，邁入料理之道。

在台北西門町邂逅擔仔麵

一開始是賣拉麵、炒飯、餃子的中華料理店，與一般無異，後來陸續在菜單上融入台灣的味道。最先推出的一道菜是台灣風味的「手羽先」（雞翅），用醬油和香料慢火燉煮，吃起來甜甜辣辣的，這是母親的味道。時至今日，雞翅仍與台灣拉麵並列爲店內的招牌料理。因爲雞翅能夠事先燉煮好放置冷藏保存，來店客人可以先點「啤酒和雞翅」，在等候時間就有餘裕準備其他料理，確立了點餐的流程。

說個題外話，現在與台灣拉麵並列爲「名古屋料理」代表美食的雞翅，它的誕生也與味仙有關。雞翅分爲成雞的大雞翅和幼雞的小雞翅兩種，雞翅名店「風來坊」創業者約莫在同個時期，想推出雞翅料理，卻因食材取得困難而苦惱不已。郭先生那時候把小雞翅讓給了有數面之緣的風來坊，自己改爲使用大雞翅。即使同樣在雞翅料理中使用了稱之爲「手羽中」（雞翅中）的部位，風來坊的雞翅較小，而味仙的雞翅較大，在口感上也大不相同。

◓ 接著問世的是台灣拉麵

「大阪萬博是在一九七〇（昭和四十五）年舉行的，那個時候我去了一趟台灣，吃到擔仔麵，一吃驚爲天人，實在是太好吃了！因此，我把味道記住，自己回日本做看看。擔仔麵是台南的特色小吃，但是連在台北萬華的龍山寺附近也有一間「華西街台南擔仔麵」的餐廳。不過，因爲在日本無法取得全部的材料，所以經過了幾番嘗試才研發出來。擔仔麵是用蒜末和絞肉炒過醍出香味，碗內先鋪好豆芽菜，再放上麵條，上面淋上特製肉燥後，最後加入高湯，台灣拉麵作法基本上也是一樣。」

台灣拉麵和擔仔麵的差異在於是否有放辣椒和韭菜。台灣拉麵的辣度非比尋常，喝一口湯，暫停數秒，猛烈的辣味頓時在口中散開，一不小心，還有可能會被嗆到。擔仔麵是不辣的，總歸來說，台灣料理不太會與辛辣沾上邊。現在日本餐飲店裡的台灣風料理使用的是辣炒的絞肉，正確來說其實是「味仙風」。

「今池也住了很多韓國人，所以我想如果放入辣椒的話，他們應該會很捧場，結果就演變成台灣沒有的台灣拉麵。但是，它的契機是來自台灣的擔仔麵，開發的人也是台灣人，不是很好嗎？（笑）」

超乎預期，在大家的口耳相傳下，台灣拉麵廣受好評。味仙還有其他店沒有的特色，就是營業至深夜。一般的中華料理店晚上八、九點關門，於是味仙就成爲工作晚歸的人會光顧的店。

「顧客裡有很多是學生、酒店小姐、計程車司機，還有加班的上班族。過去對台灣的印象和今日不同，感覺像是「農協」*團體旅遊會去的地方，與冠上『台灣』的料理名稱沒有關係，純粹是因爲好吃，就這樣一傳十十傳百，傳開來。」

在今池店的經營上軌道之後，郭先生的胞弟、胞妹三人也分別以名古屋爲中心開設分店。現在店名冠上味仙的，共有十間店。作爲長子的郭先生訂立一個規則，就是「不假他人之手，由自家人經營」。雖然胞弟、胞妹們的店在味道和菜單上稍微不同，但是每一間都吃得到招牌料理的台灣拉麵，因爲台灣拉麵就是味仙，而味仙就是台灣拉麵。

雖然不曾在台灣生活過，但是關於自己的身分認同，郭先生卻很明確地表示：「我是台灣人啊。」

「也許跟中國人一樣是漢人，但是生活樣式截然不同，台灣是台灣，中國是中國。台灣從清朝時代開始就不曾受到中國的照顧，因爲有日本統治的五十年間，台灣才得以發展成今日的樣貌。我覺得日本人和台灣人的個性是最契合的。」

也可以說，郭先生這樣的個性使然，所以才能在日本成功製作出台灣拉麵吧。味仙的菜單上，不只是雞翅，還有炒蛤蜊、炒青菜、香腸等，一道道耳熟能詳的台灣料理。雖然目前受新冠肺炎的疫情影響，無法去台灣，但在

＊即「農業協同組合」，是由日本農民及農業經營者所建立的農業合作組織。

這裡成了能夠品嘗到台灣味道的珍貴美食殿堂。筆者在訪問的同時，也點了幾道熱門的菜色，每一道都與台灣的味道如出一轍。郭先生偶爾會到台灣走走，他把在台灣嘗到的料理一道道精通之後，加入味仙的菜單裡面。透過味仙的料理，可以深切感受到台灣出身的郭先生一路走來的人生路和故鄉愛。

台灣拉麵的人氣高漲後，有很多中華料理店的人到訪味仙，模仿味仙的味道，也在自家店裡推出台灣拉麵。有人建議「註冊商標比較好」，但郭先生採取開放自由的態度，於是名古屋的許多家店裡都推出了台灣拉麵，甚至還列為「名古屋料理」。

「我一旦取得專利或商標的話，其他店就會無法繼續使用，而且如果這麼做的話，台灣拉麵的名字也不會像今天這樣家喻戶曉。因為讓大家自由地寫在菜單上推出，所以「台灣拉麵」才會如此有名。如果再聰明一點的話，善用人才，或許就能夠像安藤百福這樣擴大生意規模（笑）。透過料理，讓日本認同台灣這個名字，我覺得很驕傲。身為台灣人，與有榮焉。」

現在，安藤創立的日清食品也開始販售味仙台灣拉麵的杯麵。郭先生也協助監製開發，徹底追求正宗的味道，他對日清的技術能力大力讚許：「吃過就知道，日清真的把它（台灣拉麵）做得很好吃，日清的研發單位很厲害。」

台灣人製作出的高人氣台灣拉麵，由台灣人創立的食品公司推出普及版的泡麵，讓它更廣爲世人所知。其他還有馳名全國、以「豬背脂」爲人所知的尾道拉麵的起源，也是戰後不久由朱阿俊這位台灣人在廣島縣尾道市的「朱家園」開始販售的「中華麵」。被稱爲日本國民美食代表的拉麵，展現了台灣人在日本的飲食文化中留下的重大足跡，透過如此方式讓日本人了解，未嘗不是一件好事。

誤以為只要加辣就是台灣料理的日本人

雖然寫作是作家的工作，但是並非一整天醒著的時候都在寫文章。任誰都有寫作的「黃金時段」。也有人把那段時間形容爲「神附身」。我雖然沒有那麼神祕的時段，但有時好像不是靠頭腦而是靠手指思考一樣，因文思泉湧而狂敲鍵盤，而且那時寫的文章都會成爲好文章。因此，「黃金時段」對作家來說是比什麼都還寶貴的時間。

◓ 我的飲食偵測天線

我的「黃金時段」約爲早上十點至下午兩點。早餐我都會吃得很豐盛，有自己做的生菜沙拉、新鮮果汁、荷包蛋、麵包、優格，最後配上一杯咖啡。在處理一些雜事、回覆一些郵件或是確認一些出版社寄來的文案後，就會開始寫作。午餐則是比較隨意解決，大多都是吃三角飯糰或是杯麵，最好是以不妨礙寫作，能簡單快速吃完的食物爲主。不過我會避開難吃的或吃膩的東西，以免降低寫作動力，也因此我常打開自己的偵測情報天線，注意新發售的杯麵動向。

最近有一款杯麵一開賣我就買來吃了，杯麵名字是「特濃旨辛鶏台灣」，其實我現在就一邊吃著這款杯麵一邊寫著這篇文章。這個杯麵的口味是源自福島縣的「麵處若武者」拉麵店，杯麵包裝上的說明寫著：「有名古屋台灣拉麵特有的辣度跟雞湯味」。吃的時候確實能看到雞湯裡有辣粉，味道也確實不錯，但是味道跟台灣一點關係都沒有，我所認知的台灣麵並不是全部都是辣的，也不常使用雞湯。

辣味等於台灣味？

現在日本提到「辣的麵類」，基本上都會被誤會爲「台灣味道」，而且這種狀況一直持續擴大。「台灣拉麵」、「台灣拌麵」等等，越來越多拉麵店推出自稱「台灣味」的菜單。

會變成這樣其實是因爲有位台灣人在名古屋開了一間「味仙」拉麵，店裡推出的台灣拉麵變成全國有名的商品。台南出身的味仙店主，原本賣的是家鄉料理——擔仔麵，卻完全沒有人氣，後來他將肉燥跟辣椒炒過後再加入麵裡，結果竟一炮而紅。這道只能說是「台灣人做的名古屋拉麵」的料理，從台灣人的角度來看應該會覺得蠻奇怪的，但對於日本人來說並不奇怪。

日本在近現代以後大量引進中華料理，帶著日本味道的中華料理層出不窮，比如芙蓉滑蛋就是經醬油調味後變成天津當地沒有的天津飯、水餃變成煎餃、雜碎麵變成長崎雜菜麵。我的老家橫濱有種叫做「三碼麵」的料理，就是根本無法從名字聯想到是什麼味道的橫濱自創麵。另外，日本的日清食品在二戰後推出的雞麵（Chicken Lamen），便是從台灣的雞絲麵得到的靈感；日本最有人氣之一的「蓬萊551肉包」，也是嘉義出身的台灣人所發明的。

飲食文化交流的重點有二，一是食物傳到異地的過程中必會與當地同化，進而轉變；其二是有時候會創造出比原本食物還美味的料理。請大家想想台灣的小籠包，到哪裡都沒有辦法吃到像台灣一樣精緻的小籠包。還有不少國家會因爲傳出的料理在異地變得更好吃，反而逆向輸入原本傳出的國家。所以，飲食文化的傳播必定會讓雙方的飲食文化都變得更加豐富。

結論就是，在日本流行起台灣沒有的「台灣拉麵」也沒有什麼大問題，只是對它的味道會有點在意而已。

最近因爲工作出差去了山梨縣的某個鄉鎮，抵達時間已經蠻晚的，還沒吃晚餐的我，詢問飯店的人附近有什麼餐廳，他們說：「附近有一間台灣料理喔。」我很開心地造訪了那間餐廳，最後卻只有失望可言。點了「台灣香腸」，卻只給我完全不像台灣香腸的普通香腸；點了「台灣榨菜」，給的卻是普通中國進口的榨菜，上面灑了一點辣油。最讓人驚訝的是我點的主食「台灣水餃」，「台灣水餃」這道料理本來就不存在，果然端出來的是普通的水餃，上面再淋一點辣油而已，而且還是用市面上販賣的冷凍水餃，看來只要加辣就可以變成台灣料理的誤解傳遍了日本吧！這間店最近好像變成連鎖餐廳了，我眞想跟店長抱怨：「這樣的料理哪裡像台灣料理啊？」但多問似乎沒什麼意義，所以就放棄了。順道一提，那家餐廳的酒單竟然只有日本的朝日啤酒，若被說是「僞台灣料理店」也不意外。

近年來，台灣給日本的印象非常良好，不只是台灣很親日，日本也變得很親台，因此，到處可以看到標著台灣兩個字的料理或商品。我很開心能看到台日相親相愛的情況，但因爲疫情的影響，現在*很難前往台灣，在日本，愛台灣的日本人有著嚴重的「台灣Loss」症狀，所以在這段期間若在日本到處都嘗到台灣味是非常值得感激的。我希望便利商店的食品或各式泡麵都能盡量引用台灣味，像是以前有一陣子羅森便利商店發行的台灣雞排就蠻美味的。並不是所有的台灣味商品都很難吃，比如最近日本手搖店越來越多，每間生意都欣欣向榮。我個人最期待的是日本引進傻瓜乾麵和魚丸湯這兩項台灣美食，可惜的是目前沒有聽說有引進的跡象。

在山梨縣出差那晚，從那間「台灣料理」回飯店的路上，順路進了一間便利商店，恰巧有賣台灣的珍珠奶茶，雖然一看就知道不會跟台灣的一樣好喝，但我還是買來喝喝看，結果眞的很難喝。有句俗語：「劣幣驅逐良幣」，再這樣下去，我很擔心日本對「台灣味」的印象會越來越差。爲了台日飲食文化的交流，拜託能不能有人設立一個組織，專門檢查日本的台灣料理品質啊。

＊本文撰寫於二〇二一年。

台灣人適合當CEO，日本人適合當CFO

列舉在日本擁有知名度的台灣企業家，早期有王永慶，近年有郭台銘，還有這幾年一躍成名的台積電張忠謀。

另外，我曾著書撰寫的巨大（捷安特）創辦人劉金標，也因爲最近日本盛行起自行車運動而常被言及。

二〇二二年七月，日本發行了一本與台灣企業家有關的新書《台灣流通革命》。作者佐宮圭擅長撰寫經濟相關文章，此書介紹台灣「流通業之父」徐重仁的事蹟，並講述從他的成功所學到的心得。

徐重仁的名字在台灣眾人皆知，但在日本卻鮮少人知道。

◓ 徐重仁的成功關鍵：速度

日本人若造訪台灣，一定會對7-Eleven等便利商店的數量和各式各樣的服務感到驚訝。按人口比例計算的話，台灣的便利商店密度爲全球第二。

此書的發行，將徐重仁這位站在業界頂峰、爲台灣便利商店貢獻良多的事蹟傳達給衆人，對於了解台灣經濟也是非常好的媒介。

7-Eleven將美國的超商式經營帶入日本，但在日本則演變成大型流通事業。徐重仁將其帶入台灣，並加入日本所沒有的服務。我自己也感受到，從二〇一〇年左右開始，台灣的便利商店比日本還進步。

以City Cafe爲例，台灣比日本早了十年。售票系統也是台灣先開始的。除了我很喜歡但對日本人來說香味有點太重的茶葉蛋以外，日本正追著台灣的腳步，積極導入各項服務。

這本書令我印象深刻的是徐重仁做事的效率，只要接觸到流通業相關的新構想，就會迅速將其引進台灣。

但不光只有7-Eleven或博客來等成功案例，他也曾多次失敗。不過做生意就是這麼一回事。我認為做事的速度，可說是日本企業文化和台灣企業文化間最大的不同之處。

我在二〇二二年七月五日到六日間，於東京舉辦的「日本・台灣新創高峰會」上，聽到與我讀後心得相似的話語。

此高峰會是疫情發生後，台灣在國外舉辦的最大規模活動，非常盛大，從台灣來參加的新創企業就有三十三間。台日間因疫情而中斷的面對面商務交流，終於有了直接接觸的機會，會場相當熱鬧。

高峰會上有一位日本的新創公司老闆提到：「比起日本，台灣的新創公司自由度較高，日本比較難以容忍失敗、較謹慎。但創業一次就成功是不可能的，因為失敗才能讓公司成長。台灣有很多成功人士都擁有失敗的經驗。」

我以來賓的身分受邀高峰會，並參與了對談活動。雖然我不是企業經營專家，但我對台日企業文化的差異多少有些知識。

◓台灣CEO衝鋒，日本CFO後衛

在活動中，與我對談的是福澤喬先生，他是一位熟知日本的台灣媒體人。在會上，我提出台灣人適合做CEO，負責業務；日本人可做CFO，負責財務的概念。此想法主要是依據速度和決策能力而構想出來的。

這也跟由下而上型的日本組織架構，和由上而下型的台灣組織架構有關。不僅如此，台灣人會一邊行動一邊思考，日本人則習慣在行動前做萬全的準備思考。日本企業進軍台灣或台灣企業進軍日本時產生的摩擦和衝突，大多與此有關。

因長期與台灣來往，我已經是半個台灣人了，所以跟日本人做事時，有時會被指點「野島你速度很快，但有時會有些小疏失。」

不過，對我而言，比起追求百分百零失誤而花上三天，不如選擇達到九成的完成度但一天就把工作做完。跟台灣人做事時，用這種方法大概都能順利進行。台灣的作風就是雖然多少會出現一些問題，但會一邊修正一邊完成。

日本人則是為了達到百分百零錯誤，使用大量的時間去完成。在二十一世紀前這麼做是好的，但現代網路社會瞬息萬變，這種工作方式只會被時代淘汰。

新創事業講求從零創造出新的可能性，台灣人比日本人較擁有開發的特質。在這個網路當道的世界，若慢慢思考、慢慢準備的話肯定會被淘汰的。所以我提議台灣人做CEO衝鋒，日本人做CFO在背後支援剛剛好。

台灣健康新創在日有機會

新創高峰會上，我發現有好幾個企業，若在日本發展，成功率應該會很高。像是台灣新創公司「H2」，他們開發的糖尿病患者健康管理軟體，在日本的人氣急速上升中。

日本最近在政府推行下正在擴展居家醫療。老了以後若身體稍有不適，在家即可處理，是日本政府面對高齡化社會的對策。

日本和台灣的醫療費用都不高，政府所需承擔的部分則很重，因此國民平時的健康管理就更顯重要。H2公司的事業方向，在日本的確有很大的潛在市場。

過去一直都有很多聲浪推崇台日攜手合作經濟事業，但都不夠達成實質投資或具體合作。若之後台日攜手分擔角色，應能共同進軍包括中國等世界各地市場。

此次新創高峰會的主視覺為「翻花繩」。翻花繩是日本和台灣古早的一種傳統遊戲，由幾個人一起同心協力，將線繩編成圖案。此高峰會就是期望日本人和台灣人能像玩翻花繩一樣，同心協力擴展事業。

我在新創高峰會上聽到台灣政府正積極發放創業簽證。現年五十四歲的我*，本就想著六十歲辭去工作移民台灣，在那之前也許可以借鏡徐重仁的故事，看看能不能創業成為台日經濟合作的翻花繩團員。

*本文撰寫於二〇二三年。

安倍晉三遇刺身亡，為何台灣比日本更悲痛？

二〇二二年七月九日早上，我到超商買了俗稱「五大報」的《朝日新聞》、《每日新聞》、《讀賣新聞》、《產經新聞》、《日本經濟新聞》。每次發生重大新聞事件的時候，我都會這麼做。最近超商販售的報紙量減少了，我怕賣光還特別六點起床出門買報紙。然而，各家報社的內容卻大同小異。

日本前首相安倍晉三遭槍擊身亡。犯人是四十一歲的前海上自衛隊成員，行兇動機是「認為安倍前首相與某個宗教團體關係密切而懷恨在心」。不確定是不是因為妄想幻覺而相信陰謀論，但或許多少有點精神問題。

這樣的行兇動機完全無法接受，想討論這次的暗殺行動也提不出論點，各方媒體報導都顯得薄弱。想到日本史上任期最長的首相以這樣的形式被奪去生命，我們日本人眞心感到空虛。

八日一整天，我忙著接受台港媒體的採訪，沒有太多餘裕深入思考。但仔細想想，安倍這次遭人射殺，從許多面向來看，都是運氣不好。

安倍的多重不幸

安倍這次出訪奈良並非預定行程。在全國擁有高人氣的安倍正爲了兩天後、週日的參議院選舉巡迴各地。當年因病卸下總理職務，巡迴助選應該也是希望讓各界看到他已經康復。安倍積極接下自民黨的請託。原本八日是要去長野縣助選，但週刊踢爆長野縣自民黨候選人的醜聞，才讓安倍臨時改去奈良縣。這是第一層不幸。奈良湊巧有個恐怖分子在等著安倍，則是第二層不幸。

第三層不幸是在第一發子彈失準之後，安倍轉頭看向發出聲音的方向，導致第二發子彈直接擊中，釀成大量出血的致命傷。最後一層不幸是維安太過鬆懈。奈良縣警方對於安倍身後情況的警戒度太低。連拿著包包靠近的可疑分子都沒注意到，還給予兇嫌發射第二發子彈的時間。不可否認是維安人員的失誤。

就像這樣，安倍遭人射殺也成了多重不幸堆疊的結果。其實，歷史上的重大事件往往是多重不幸加乘的結果。或者說，在安倍完成七年八個月的任期時，或許就已經把運氣用盡了。

◐「台灣通」讓安倍笑喊：最像樣記者

身為一名政治記者，我第一次與安倍接觸是在二〇〇五年。當時我負責跑自民黨的新聞，而安倍是小泉純一郎時代的官房副長官。保守派的安倍在和我們這些記者對談時，時常批評自由派《朝日新聞》。只要我們提出比較犀利的問題，他就會不滿地說，「就是《朝日新聞》才會問這種問題吧！」坦白說，當時我不大喜歡應對安倍。

安倍二〇〇七年卸下首相職位後，我們在台灣出身的日本評論家金美齡宅邸巧遇。金美齡每一年都會在家裡辦賞櫻會。有一次，我恰好在吃壽司時坐在安倍旁邊。金美齡向安倍介紹時提到：「他是《朝日新聞》第一名的台灣通喔！」安倍聽了以後很開心地說：「那眞是太棒了。」那天我們聊了許多，像是他喜歡哪些台灣料理、小時候來台灣旅行的回憶等。之後每次在聚會上遇到，安倍就會半開玩笑地喊我：「是《朝日新聞》最像樣的記者耶！」

被他這麼說，我完全不覺得不舒服。安倍就是很擅長像這樣透過對話吸引他人。美國前總統川普、英國首相強森、俄羅斯總統普丁、印度總理莫迪都很喜歡和安倍會面，那是因爲和安倍說話很開心。日本領導人多半不大會與外國領袖建立私交，但安倍的溝通能力格外出衆。

在日本國力相對低落之際，安倍提倡「地球儀俯瞰外交」，積極出訪世界各地以提升日本的國際地位，功不可沒。即使遭到批評，安倍仍推動「安保法」，大幅提振日本應對中國軍事威脅的能力。

◐ 拉近台灣與日本政府關係

安倍設立「國家安全保障會議」，將外交與國安權力進一步集中在首相手中，也是一番成就。台灣過去被重視中日關係的外務省排除在外，很難建立直接與首相溝通的管道。但「國家安全會議」成立之後，台灣就可以透過會議上的關鍵人物與首相對話，大幅拉近了台灣與日本政府的關係。就這點而言，安倍也是台灣的恩人。

安倍晉三強硬壓下國內政治醜聞、無情地攻擊批評他的媒體與論述、分裂日本輿論這些作爲，我無法苟同。但是，我非常支持他的外交、安全與台灣政策。

安倍同時具備體貼與激進兩種面貌。不只是我，這也是許多政治記者對安倍的共同印象。身爲當權者的安倍雖然惹人厭，但實際見面又會感覺他是願意好好聽對方說話的「好人貴公子」。

因此，安倍在政黨、官僚、媒體這個日本的權力三角形中，有一群「爲了安倍什麼都願意做」的忠實擁護者，可以稱之爲「安倍啦啦隊」。我曾聽一位自民黨資深議員說，菅義偉首相任期很快就結束的原因，就是因爲不存在爲了菅義偉什麼都願意做的啦啦隊。政治圈的人通常是因爲利益關係才會搭上線，一旦沒有好處就會分道揚鑣。但是安倍啦啦隊超脫利益之外，支持著安倍。我認爲這件事情背後，反映的是安倍的體貼、細心與人性魅力。

現任首相岸田文雄、自民黨幹事長茂木敏充和安倍晉三是同屆當選的議員中，關係友好的同僚。安倍常自嘲：「長得帥的是岸田，頭腦好的是茂木，人很好的就是安倍了。」我認爲這句話的背後，其實也有「即使外貌和頭腦好，也無法在政壇中存活下來。我的學歷與外貌雖然沒那麼好，但比岸田和茂木來得有人性」這層自誇之意。

面對台灣的時候，安倍顯露的是他體貼的一面。面對中國時，則是嚴厲的那一面。安倍過世，中國網路上甚至出現一片「祝賀」聲。

◓ 誰能接班李登輝、安倍？

在台灣人的記憶中，安倍晉三是戰後最值得信賴的日本政治家。安倍過世後，台灣人可能比日本人更爲悲痛。李登輝前總統辭世的時候，台灣內部出現各種不同的評價，但在日本獲得了全面性地悼念。兩個情況某些層面上來說十分相似。「日本人眼中的李登輝」和「台灣人眼中的李登輝」不同，「台灣人眼中的安倍晉三」與「日本人眼中的安倍晉三」也不同。這件事情再自然不過。

我個人支持台灣自立自主與強化日台關係。安倍前首相曾說：「台灣有事就是日本有事、日美同盟有事」。言下之意就是對日本人而言，台灣的問題不是別人的事。光就這點來看，安倍去世就令人萬分遺憾。據傳安倍原本預計在二〇二二年七月底到八月間出訪台灣。如果成眞，將是更重大的一則新聞，必然會成為日台斷交五十年的重大事件。

李登輝和安倍晉三可說是近年日台關係的象徵。兩人相繼去世後，接下來會由誰擔任牽起日台關係的橋梁，目前還沒有定論。可能是台灣的副總統賴清德和日本的自民黨政務調查會長高市早苗吧！但前提是兩個人都得在日後的政治競爭中倖存下來，而足以撐起李前總統與安倍前首相兩人這種強烈存在感的人物，應該暫時不容易出現。

我衷心為安倍前首相的靈魂祈福，也企盼沒有安倍的日台關係不會就此停滯。

台灣鐵道族
為什麼不愛我的家鄉便當？

台北車站一樓的日本便當老店崎陽軒在二〇二二年三月時關店了。

崎陽軒是橫濱老店。我出身橫濱，對橫濱人來說，崎陽軒燒賣便當是靈魂食物之一。在橫濱的運動會、演講等大型活動，都會有崎陽軒便當。從橫濱搭新幹線時，我會對爸媽說「想在車上吃崎陽軒燒賣便當」，求他們買給我。

崎陽軒進軍台灣是在二〇二〇年八月，這兩年間，我因疫情沒辦法去台灣，在台灣高鐵上享受崎陽軒便當的夢就此破滅了。

一九〇八年創業的百年老店崎陽軒，創辦人曾是橫濱車站的站長。開始賣燒賣是在戰後時期，他們挖角神戶中華街的點心師傅，推出混合豬肉跟干貝的燒賣，因此大獲好評。

日本便當基本上是冷的。我們日本人從小到大都吃冷飯糰。崎陽軒的賣點就是他們「飯和燒賣冷掉也很好吃」。

但台灣人比較喜歡吃熱食。雖然最近比較習慣便利商店的冷飯糰，但印象中還是不像日本人那麼喜歡冷食。

所以崎陽軒爲了進軍台灣，捨棄了日本傳統的冷便當，推出熱便當。但經營還是不甚理想，其原因好像不單單是便當溫度而已。

在台灣餐飲業工作的日本人提出了以下的分析，我覺得有其道理。

「台北車站有台鐵便當還有麥當勞。酸菜排骨便當六十元，崎陽軒則要一七五元，所以不可能贏的。不能說台灣人小氣，因爲日式炸天婦羅和炸豬排就算二〇〇元也賣得很好。用嚴格眼光判斷商品是否『划算』是台灣人的商業習慣，這一點崎陽軒的便當就不『划算』了。」

另一個原因，應該和崎陽軒便當是「幕之內便當」有很大的關係。

美麗配菜vs.豪華主菜

「幕之內」是戲劇的中場時間。歌舞伎等日本戲劇的表演時間約半天之久，並會分成好幾幕，幕與幕之間是稱爲「幕間」的休息時間。

客人會在那段時間飲食，賣的便當就稱爲「幕之內便當」，明治時期後，因鐵道發達而被拿來作爲鐵路便當。

崎陽軒的便當除了主角燒賣外，還有烤鮪魚、魚板、日式炸雞、玉子燒、滷筍丁、杏桃乾、海帶絲及紅薑絲等多樣副菜，很多菜色排列得很漂亮。

日本人很陶醉在幕之內便當美麗的「外觀」，但台灣人對食物的價值觀，比起外觀更重視實際的味道。而且，台灣是主菜豪華主義，豬排、雞排、雞腿、魚排等主菜大大地放在中間，周圍用蔬菜或醬菜塡滿，有時配菜會拌著飯一起吃。

看重主菜的台灣便當文化可能不大歡迎看重副菜的幕之內便當，也是崎陽軒遇困的原因之一。這是我的看法。

另外應該還有經營技術的問題。崎陽軒沒有跟台灣企業合作就進軍台灣。雖然不是所有單槍匹馬的公司都會失敗，但單槍匹馬的確會伴隨比較大的風險。

有些日本企業認爲，台灣社會是親日的，台灣人也很青睞日本的消費文化，所以先從台灣開始發展，如果情況不錯，就會想挑戰中國、東南亞、歐洲的市場。

的確，對日本企業來說，台灣比較容易進入，但台灣依然屬於「外國」，如果看輕這點而不好好準備的話，是會失敗的。

舉個例，就我觀察，在朋友間的交流階段，台灣人會很熱情，慷慨無私，願意幫助。

但生意上的往來就不一樣了，會非常重視財務問題，連幾塊錢都不放過。在日本人看來有時感到「不用講究到這種地步吧」，但台灣人就是對用錢很嚴謹。

台灣社會的上下級關係也意外地嚴。日本人對老闆表示反對或提意見時，不會造成大問題，反而很歡迎。因爲在日本企業，實際運作組織的是「中間管理職」，一般來講，日本老闆只是主管升官的最後型態而已。

但台灣卻相反。老闆所決定的事，中間職和年輕人都不能反對。嚴重的話，反對老闆的人隔天也許還會失業。

台灣和日本基本上社會型態是不同的，但比起其他國家還是比較多共通點。我建議日本人可以用這種感覺去和台灣人打交道。

和在地企業合作吧

回到崎陽軒，我不知道崎陽軒沒有與台灣企業合作的原因。業界傳聞是，他們有著「崎陽軒是日本老店，就算徒手也能成功」的自信。

假設在台北車站賣日式便當有困難，若是跟台灣企業合作，他們可能會建議在日系百貨公司或高級商場、中山北路辦公區開店比較好。

成功進軍台灣的日本企業，雖非全部，但不少都和強而有力的台灣企業合作。像是摩斯漢堡和東元集團合作，7-Eleven跟統一合作。

不用多說，這兩家在台灣都做得非常成功。摩斯在日本正面臨減少店鋪、事業衰退，但在台灣卻依然做得很好。7-Eleven也是，最近在日本，全家或羅森比較有人氣，7-Eleven在台灣反而比在日本活絡。

跟台灣企業合作，也較能順利進軍中國。對中國人來說，比起日本人，跟台灣人打交道較順手。將日本的組織與招牌和台灣的人才與知識組合起來，應該能戰勝中國和亞洲市場。

很期待台日企業在今後也能多加互助合作，促成台日企業聯盟。雖然可能性渺小，但未來我有機會在台創業的話，一定要找能信任的台灣合夥人一起做。

寫到此，忽然想吃崎陽軒燒賣便當了。我還是最愛崎陽軒的燒賣，崎陽軒在橫濱以外幾乎沒有店面，下週回老家時，順便買回家吧。

日本國鐵改革——台鐵可以由此借鏡

台鐵如同日本的國鐵。

一直以來，我和台灣友人談到台鐵問題時，總是說到和日本國鐵的關聯性。一九八七年，日本國鐵分拆民營化爲ＪＲ，至今過了三十多年。即便是日本人，三十歲以下的年輕人，也不知道國鐵是什麼。

因此，要讓台灣民眾了解國鐵的問題很困難，但對於長年搭乘日本國鐵與台鐵的我來說，兩者有許多相似之處。

二〇二一年四月二日發生的太魯閣號事故，雖然主因是外包企業的人爲疏失，但許多人認爲也是台鐵的體質間接造成。今後，針對台鐵改革的討論想必會更趨熱烈，而台鐵改革可以從日本國鐵分拆的經驗中，吸取諸多教訓。

許多日本的國營、公營企業，都在一九八〇年代「行政改革」的浪潮中轉向民營化。其中，反抗力最強、最受矚目、但最後日本民眾享受最多好處的，就是國鐵的民營化。

一八七二年，明治維新後五年，日本國鐵在東京新橋和橫濱之間開設第一條鐵路。明治政府規劃在日本全國鋪設鐵路，但因資金不足，就把一部分交由民間企業來建設、經營，未來再由國家收回經營權，也就是現代的ＢＯＴ。鐵道路線就此鋪向全日本，而當時的國鐵是「國有鐵道」的簡稱。

二戰後，因應駐日盟軍總司令部（ＧＨＱ）的要求，日本鐵路經營要脫離國有體制，名稱也因轉型公營企業而改為「日本國有鐵道」。

◓ 曾是員工六十萬人、守舊的巨獸

戰後的日本，經濟復甦速度很快，人口也隨著戰後嬰兒潮而加速成長。

當時，大規模交通運輸有其必要，國鐵也隨之飛速成長。日本各個角落都鋪設了鐵路網，其中大部分是由日本政府旗下的公營企業，也就是國鐵來負責。

國鐵的鐵路網總長度超過兩萬公里，員工多達六十萬人。從過去到現在，日本除了國鐵以外，沒有一間企業有此員工規模。國鐵就是日本昭和時代的象徵。

但一九六〇年代一結束，隨著汽車和客機開始普及，加上人口成長停滯，鐵路的使用人數也陷入瓶頸。

本來，如果當時推動改革，也許國鐵就不用分拆了。但國鐵對於改革消極以對，強勢的工會阻止國鐵裁員和減薪。工會不斷推行罷工，讓日本政府十分苦惱。

日本社會的通勤、上下學移動都高度依賴鐵路，人人都得搭國鐵上班上課，國鐵的負能量就成了限制日本經濟成長的絆腳石。

◓沒賺錢義務，就沒改善動力

當時的日本國鐵，碰上了蘇聯等社會主義國家同樣發生過的問題。明明車票太便宜造成經營不易，但國鐵就是公營企業，無法提高票價。

整體社會對服務品質不佳都很不滿，但沒賺錢義務的公營企業，也不會有動力改善營運體質。經營者的想法也非常保守，一心只想維護既得利益。

於是，日本輿論支持國鐵民營化，因爲在那之前國鐵已經失去日本社會的信賴。畢竟國鐵負債超過三十七兆日圓，這個荒謬的規模，幾乎是當時日本全國預算的一半、現在台灣全國預算的兩倍以上。

日本國民都感覺國鐵無以爲繼，民營化因此成爲可能選項。國鐵負債的一部分，由剛起步的ＪＲ承擔，加上販售國鐵土地的盈利，還剩下二十五兆日圓負債。

這成為日本國民的共同負債，還款期限六十年，所以直到今天＊，日本國民還在還債，距離清償債務還有三十七年。延遲國鐵改革的結果，就是由我和我們子孫的世代共同背負。

一九八七年四月一日，國鐵一一五年的漫長歷史就此落幕。那天，二戰前製造的蒸汽火車，在日本鐵道發展的起點東京汐留站，鳴笛聲如同哭聲一般，而鐵道迷也從日本各地湧入，含淚向國鐵道別。

當時，我還是大學生，對於這個新聞印象深刻。但兩年後，昭和天皇逝世，邁入平成時代的日本人很快就遺忘國鐵。對日本人來說，國鐵就是昭和時代的歷史記憶。

台鐵問題在於社會有「兩種面貌」

讀到這裡的各位，想必感覺到日本國鐵的問題跟台鐵十分相似吧。例如，對日本人來說，台鐵的官網實在很難訂票，設計上就不是從使用者的角度出發，外國人幾乎不可能訂票成功。

雖然台鐵很受日本鐵道迷的歡迎，這只是因爲昭和時代的車體和車站沿用至今，滿足了鐵道迷的懷舊心情。但對於每天搭車的乘客來說，絕對不是什麼幸福的好事。

個人淺見是，我感覺台灣社會有「兩種面貌」。一個是民主化之後，嶄新先進的台灣，高鐵就是如此，先進的科技產業、開放同婚都屬此面向。另一個台灣，則是受到民主化前的體質所牽引，當然，台鐵、台電及部分政府機關、農漁業團體等都有此傾向。

矛盾的兩者共存，表示現在的台灣還處於威權體制轉向民主國家的「轉型期」。

每個人都知道有問題，卻無法改革，這才是問題的本質。台鐵內部，也

＊本文撰寫於二〇二一年。

有許多人竭力面對問題，但歷史共業的累積，使得瞄準病灶、徹底治療並不容易。

若無法改革，就只能消滅這樣的存在。當然，台鐵的基礎建設和人才會活下來，但必須盡早破壞僵硬的組織文化，重新建立才行。

台鐵要復活，民營化是最好選擇。它雖有負債，但規模不如日本國鐵，不要像日本把重擔留給子孫三代，提早面對才是。民營化之際，現在的債務由政府承擔，更換管理階層，以民間企業的樣貌重生。

我認爲，未來若是高鐵和台鐵合併也不錯。從台灣的規模來看，與其讓高鐵跟台鐵共存，不如高速鐵路和一般鐵路兩者互補，營運效率較高，就好像日本的ＪＲ東海或ＪＲ東日本一樣。

◓ 加速民營化，別浪費這場悲劇

無論如何，只要現在推動台鐵改革，廢除不賺錢的路線，提高票價，這些改革的痛楚是一時的，但十年後的台灣社會就有更爲便利、舒適又快速的交通運輸方式可以選擇。

日本國鐵民營化後，雖然北海道的鐵道路線廢除了四成，ＪＲ北海道和ＪＲ四國也陷入鉅額赤字，但ＪＲ的運作更爲穩定，服務品質提升，車輛也變美了，催生台灣人也很喜歡的ＪＲ九州豪華特急列車「七星號」等多樣化的服務。車站大樓變得更現代化，超市、餐廳、商店、飯店等也進駐。

對於國鐵的分拆，現在日本人想必是給予肯定的。

這次太魯閣號的事故造成許多死傷，爲了不要浪費這場悲劇，我祈禱台鐵改革的方向能因此確立下來。屆時，大家都能把日本國鐵的失敗經驗放在心上，不要重蹈覆轍。

台日自行車文化大不同

我在日本學會騎自行車，但在台灣才學會「運動式」自行車。二〇二〇年，我因為新冠肺炎疫情的關係無法造訪台灣，所以在日本參加了北海道、九州等等各地的自行車大會。我的等級大約在初級進入中級的階段，一天平均可以騎一百五十公里左右，另外我還特別喜歡爬坡，目標成為專業的爬坡自行車騎士。

前陣子，我參加了從富士山腳騎到五合目（標高兩千五百公尺），約二十五公里的嚴酷登山行程。在此之前，我訂下兩小時完賽的目標，並且不斷訓練自己，活動當日拜好天氣所賜，最後以一小時五十分鐘完賽。一直以為自己成績還算不錯，沒想到後來成績發表時，看到大會紀錄發現自己是三百人中的倒數第五十名，那時才重新意識到，這個活動聚集了多少高手，專業自行車騎士的水準有多高。不過，不是我自賣自誇，對於一個四十七歲才開始正式參與自行車賽事、參賽時五十二歲的自行車騎士來說，有此成績應該算不錯了。隨著年齡增長，我越來越喜歡騎自行車。

親身體驗台灣自行車環島

開啓我騎自行車的契機是二〇一四年爲了替台灣自行車公司「捷安特」撰寫書籍，當時想，既然要寫關於自行車的題材，不親身體驗實在說不過去。

正因爲我在日本跟台灣都有騎車經驗，所以對兩地自行車文化的差別，在某種程度上有比較過也有所感想。雖然日本與台灣都很盛行騎自行車，卻有著很大的差異。最大的差別就是，在台灣，自行車爲「比較休閒的運動」，相對之下，日本則爲「非常正式的運動」。

日本人的自行車運動基本上是非常正式的。騎士們都會全副武裝穿好自行車服。車體等裝備也是一點都不馬虎。若是參加自行車大會時，對著其他人說：「我不會修理爆胎。」會換來大家傻眼的臉色。大家都是抱持爲自己負全責的心態參加大會的。日本各地的自行車大會，大約在每年三月到十一月之間舉辦，所以我每年參加的次數大約七到八次。有時候與朋友一起參加，有時則一個人前往。

這幾年觀察的結果，發現大會上多數人在高中或大學就曾參加自行車社團。所有的自行車大會級數都很高，參賽的人不多，補給站也都不是很充實。因爲大部分的人都不只是爲了「騎車」而來，而是以「最快能以幾分鐘完賽」爲目標而參加，並不會想要享用補給站。

反觀台灣的情況，自行車大會的內容都非常豐富多樣。參加者從初級到高級都有，自行車的種類也涵蓋低價位到高價位，穿著也充滿個人風格。值得注意的是，女性比例蠻多的，雖然不到半數，但是感覺應該有四成。補給站則是熱熱鬧鬧的，能在那裡吃到很多東西。在日本參加自行車大會總會瘦一至二公斤，但是在台灣則是會變胖。

我在台灣學會運動式自行車，人生第一次的長距離路程就是繞行台灣一周的「環島」行程。台灣的「環島一號線」設置得很好，總長約九百五十公里，可繞行台灣一圈。二〇一七年秋天，我參加了「騎遇福爾摩沙FORMOSA 900」大會。當時我在撰寫與捷安特相關的書，並受到捷安特前執行長羅祥安邀請參加環島行程。現在回想起來，自己當時眞是大膽，決定環島後馬上購入自行車（當然是捷安特的），只在東京的多摩川堤防騎繞兩次、約五十公里而已，就參加了環島。

雖然經驗不足，最後我能如此開心地完成八天七夜的台灣環島行程，都是多虧了那些老手教我自行車的騎法，還有在騎車時與初次見面的人們開心的對話。另外，晚上還能在夜市享受美食或是做腳底按摩。我非常喜歡台灣這種休閒與運動結合的自行車大會。只是在台灣，因爲騎自行車的活動包含了休閒與運動，所以也形成了新手與老手共存的情形。

◓ 專業取向的日本自行車運動

另一方面，日本的自行車活動則是呈現兩極化，分成運動競賽的自行車和生活交通工具的自行車。在日本，騎自行車的人口遠多於台灣。其實騎自行車是需要一定技術的，若沒有騎過，其實一開始不會騎得很順利。面對這點，日本人進入幼兒園前就開始學習三輪車，之後騎乘帶有輔助輪的兩輪腳踏車、低桿腳踏車等。日本人從小學、國中、高中、大學，到成為上班族的過程中，慢慢學會騎自行車。我也是以同樣的方式過來的，以前自行車對我來說只不過是移動的幫手而已，一萬日幣的低桿腳踏車就足夠使用了。

在日本，自行車運動是擁有特殊專長的人所從事的運動，對我來說是遙不可及的存在，此一印象直到現在依然很強烈。日本的自行車大會幾乎看不到初學者。雖然騎自行車的人口很多，但是將自行車作為運動的人並沒有增加，這是日本很矛盾的地方。

在台灣，騎自行車的人口也是蠻多的，但是成年後還在騎車的人似乎不多。不過，參與運動式自行車的難度比日本低很多，所以就算參加正式的自行車賽事，通常十人以上的報隊裡面從初學者到老手都有，男女比率也差不多。我認爲這是很理想的狀態。在日本，報隊通常只有四至五人，程度都差不多，而且幾乎只有男性。感覺應該很難將愛好自行車的文化擴展到女性或小孩、年輕人身上呢。

眞想大聲地說，日本應向台灣多多學習自行車文化，希望日本的自行車活動能夠像台灣一樣，適合女性、小孩和老手們一起參加。

TSMC的T，為何不是東芝的T？

米勒的《晶片戰爭》近日在世界各地暢銷，日本和台灣在這個春天*也幾乎同時上架，並同樣引起了熱烈迴響。

米勒是一位經濟史專家，擁有耶魯大學歷史學博士學位，但他這次卻用了與過去撰寫論文不一樣的方式來書寫這本書。

其寫法稱爲「學術性新聞報導」（academic journalism），就是利用新聞報導的手法闡述學術性知識研究內容。

所有發言與事實都有索引可查詢，運用學術方式將情報整理報導出來。

不過米勒很用心地不讓讀者感到乏味，每篇文章都很簡短有力，並且穿插很多令人驚豔的紀事。

我自己所寫的作品都是以新聞記者的立場加入學術性的見解而寫成。雖然與米勒持相反做法，但我們都實踐著「學術性新聞報導」做法，所以我比較能理解米勒的想法。

就像本書雖以「晶片戰爭」爲題，還涵蓋了地緣政治上的問題，也直接關係到台灣海峽安全，對於這個受到世界關注的話題，米勒似乎是察覺到了必須使用任誰都會有興趣去閱讀的寫法。

◓ 從世界高度看晶片史

米勒住在美國波士頓，他講過其理由是「與華盛頓首府有些距離會比較有用」。

＊本文撰寫於二〇二三年。

關於這點我很有同感，在觀察台灣政治時，身在東京反而比較能捕捉事情的本質，在台灣的話的確是可以「看熱鬧」，但就離「看眞相」很遠了。

這本書在日本和台灣相繼出版了翻譯本，並引起了相當大的迴響。因爲這本書擁有世界各地讀者都能輕鬆讀懂的「普遍性」。

此「普遍性」並非單純只是內容的普遍性，而是在寫作手法上也有很高的普遍性。意思是說，米勒將此書定位在學術與報導間的嘗試是成功的。

從學術角度看此書的專業程度，或從半導體專家的角度來看此書的細節，或許都會有些批評的聲音，但凡事皆有當事者與第三者的不同看法。就我的讀後心得來說，米勒描繪出半導體歷史的大藍圖，這是過去誰也沒達成的事。

在日本、台灣、韓國都有以各地的立場所撰寫的半導體歷史書籍，但卻沒有像本書以世界爲舞台，全面描繪出半導體歷史的著作。

米勒於二〇二三年三月到四月間爲了宣傳書籍走訪新加坡、台灣、日本和香港。我在三月拜訪台灣時出席了《天下雜誌》爲他主辦的座談會。

◓ 東芝一度是全球最強

這個座談會應該是他亞洲之行的最高潮，因爲他的著作《晶片戰爭》描寫了座談會上的訪談對象張忠謀。

會上主角米勒在張忠謀面前略顯緊張，而張忠謀自由奔放又有深度的發言，佔滿了隔天各大媒體版面。

我則是對米勒提及「TSMC」的T是台灣的T時，開玩笑地說爲什麼不是德州儀器的T這一段很有印象。確實T可以是台灣或是德州的首字，不過也同時可以是東京芝浦電器（即東芝）的T呢。

日本人在看這本書時應該沒有人不感到痛苦的。包含我在內，都會忍不住充滿屈辱和後悔的心情。

日本出現在本書的中段，作者提到日本曾在一九七〇年代到八〇年代有過超越美國站在世界頂端的瞬間。但在書的後段描述二〇〇〇年代後的部分，日本幾乎沒有登場，台灣、美國、韓國成爲了主角。

我出生於一九六八年，在日本狀況最佳的時期長大。現今於大學教書時，發現我與二〇〇〇年後出生的年輕人最大的不同，就是對未來樂觀與否。

國家與社會的狀態會大大影響個人的價值觀，在日本處於對未來抱持樂觀的時代成長的我，總是樂觀，是理想主義者。

但我的學生們於日本處於對未來抱持悲觀的時代長大，所以他們較悲觀，是現實主義者。

通過這本書，我理解到其背後原因之一，就是日本半導體的成長策略失敗而造成的。

◓ 台灣應以日本爲鏡

當時的東芝、NEC、富士通是世界各地所稱羨的對象。日本曾被美國忌妒，但卻無危機意識。現在世界都忌妒著台灣，羨慕著台灣的成功。美國及其他國家都開始思考如何爭奪這個地位。

台灣不能重蹈日本的覆轍，台灣人看完此書後，應該要以日本的經驗爲借鏡，盡全力讓台灣在二十年後還能守著半導體的盾牌。

寫這篇原稿的同時，新聞正報導東芝被收購的消息。以前東芝在半導體界屬最強的企業。爲了捲土重來，曾數度推出復甦計畫都不成，還曾因鴻海的郭台銘考慮出資而成爲話題。

日本政府拿出四六〇〇億日圓資助台積電於熊本建廠，但連一毛錢都不願救助東芝，東芝未來很有可能會解體並消滅。

現在的日本，鎖定目標要回復成爲半導體大國，政府或國會議員有時會拜託我爲他們解說台灣成功的祕訣。

我當然非常樂意提供意見，但結論就是：「因爲台積電有張忠謀，台灣政府有李國鼎。」東芝的經營高層是上班族晉升上去的平庸人才，日本政府官員察覺到半導體戰略的重要性已太晚了。

東芝無法成為台積電，這也可以視為日本無法成為半導體王國的理由。日本要重登半導體大國起碼需要再花上二十年。為了二十年後能夠復活，日本人都應該詳讀這本書才行。

希望台灣別變成《極度不妥！》的日本

讚美他人外貌、對下屬加油打氣，如今都可能是騷擾。雖然令和年代有新的價值觀，但看在昭和大叔眼裡，社會氛圍小心翼翼、說話不著邊際，連媒體都變得無聊。

今年三月時我帶著我指導的大學生到台灣考察。其中一個景點是故宮博物院，在那發生了一件事。

幾位日本觀光客穿著旗袍在陽台拍照，她們請我過去幫忙拍，我也欣然答應。對話中得知，她們來自神戶，旗袍則是在神戶借的。

因爲覺得她們穿旗袍很好看，就對她們眞心讚美：「能把旗袍穿得這麼美，證明你們身材都很好。」

沒想到，我的學生聽到這段對話後對我說：「老師，你這樣說不行哦。」

我：「爲什麼？」

學生：「讚美或批評女生的容貌都是不行的。」

我：「我知道不能批評，但讚美也不行嗎？」

學生：「對啊，沒被你讚美的人會難過啊。」

還有學生這樣說：「你這樣會變成帶著有色眼光看她們。」

沒想到現在已變成這樣的時代了啊！

老實說，我無法理解這樣的邏輯，對於我的啞口無言，學生們認爲我是個「昭和歐吉桑」。

◓ 昭和大叔vs.令和學生

雖然，現在已經是過了平成的令和時代，我能理解令和的確會有令和時代的價値觀，但讚美和批評都不行的話，到最後還有什麼對話可言呢？

確實，現在的年輕人有很多心理都生病了。我個人的感覺是大概十人中就有一人患有心理疾病，五人中有一人是快要生病的。這是個很難當教職員的時代，這點台灣和日本可能都差不多。

去年，某個學生因爲遲到曠課很多，所以我用較嚴厲的口氣勸告，「再這樣下去沒辦法給你學分，也很難指導你。」

結果，他向學校的申訴窗口告狀，年輕人對於自己的權利被侵害，眞的非常敏感。

我會想，那我的權利呢？但學生們總認爲自己花錢付給大學來接受服務，所以想提出什麼要求都可以。

◓ 酸民不看節目也能罵

日劇《極度不妥！》最近在日本很有人氣。

劇中描述一位從昭和時代穿越到令和現代的人，每天被現今社會的倫理規範束縛，他的口無遮攔製造出很多好笑的場面，而且在劇中他還擔任令和時期電視台的心理諮詢師。

劇中所描繪的電視台現況雖然有些誇大，但應該跟實際差不多吧。

一位因外遇醜聞而被電視台冷凍三年的主播，終於有機會重返螢幕，但一出現就馬上被人在網上爆料「外遇主播現身」，網媒看到後寫了一篇「睽違三年復出」的簡短文章。

像這樣的文章，在我們日本稱作「被爐文」，鑽入被爐裡什麼都能寫，文章會被大量轉發，之後網路上就會冒出集體批判重返螢幕的言論，電視台的贊助廠商也會前來抗議。

那些寫文章的人甚至可能沒看過電視演出，對這樣的事，電視台審查倫理規範的負責人只能嘆著氣說：「現在是沒看節目的人在抗議的時代了。」

● 主管連加油都不能說

日本社會最近宣導，上司不能對下屬說「加油」，因爲被說的人會感覺到壓力。

但在這部日劇裡的主角這樣喊著：「被說『加油吧！』而感到困擾、請假不上班的人會被同情，說的人卻被指責，不覺得奇怪嗎？」

確實如此，帶著善意發自內心體恤的話沒辦法被對方體會，反而被責怪？

老實說，這種事被扯到倫理規範也太誇張了，是誰搞出這麼麻煩的社會啊？實在讓我這個昭和歐吉桑有愈來愈多想抱怨的。

在對話時，要注意不能傷害到對方是理所當然的。但爲了不讓對方反感而全程小心翼翼，那眞的很累人。結果現在都被勸說，爲了不要造成任何人的傷害，必須說些不著邊際的話了。

◓ 被叫帥哥，很開心

最近常有人反映媒體報導愈來愈無聊，這也是無可奈何的事。媒體本來就該是爲了社會，即使會傷到他人，也是得寫該寫的事，但最近因爲重視倫理道德規範，媒體的「利牙」都被拔去了。

若這樣的潮流持續下去的話，台灣常聽到的「帥哥美女」的稱呼也會在將來因「不妥」而從社會語言中排除掉。

台灣非常重視性別和族群平等，但對於語言上騷擾的因應好像還沒日本那麼囉嗦。

好好守護基礎部分，其他地方保留某種程度的包容。若不這樣做的話，幽默或媒體都會消失殆盡。

現在若在台灣被叫「帥哥」時，回答「這樣是性騷擾」看看，一定會被台灣歐巴桑回嗆「你想太多」。

老實說我很喜歡被叫「帥哥」，每次都會很開心。希望台灣的「帥哥美女」這個稱呼習慣，不會淪爲騷擾一詞。

人生散步 023

台灣超越日本，真的嗎？

——鳳梨、便當、台積電，台日社會文化多樣交流的觀察與思索

作　者—野島剛 NOJIMA TSUYOSHI
主　編—謝翠鈺
責任編輯—廖宜家
校　對—韓冰
行銷企劃—鄭家謙
封面設計—職日設計 Day and Days Design
美術編輯—劉秋筑

董事長—趙政岷
出版者—時報文化出版企業股份有限公司
108019台北市和平西路三段二四〇號七樓
發行專線—（〇二）二三〇六—六八四二
讀者服務專線—〇八〇〇—二三一—七〇五
（〇二）二三〇四—七一〇三
讀者服務傳真—（〇二）二三〇四—六八五八
郵撥—一九三四四七二四時報文化出版公司
信箱—10899台北華江橋郵局第九九信箱

時報悅讀網—https://www.readingtimes.com.tw
法律顧問—理律法律事務所　陳長文律師、李念祖律師
印　刷—勁達印刷有限公司
初版一刷—二〇二四年八月二日
定　價—新台幣三五〇元
缺頁或破損的書，請寄回更換

台灣超越日本,真的嗎?鳳梨、便當、台積電,台日社會文化多樣交流的觀察與思索 / 野島剛著. -- 初版. -- 臺北市 : 時報文化出版企業股份有限公司, 2024.08
面; 公分. -- (人生散步 ; 23)

ISBN 978-626-396-539-3 (平裝)

1.CST: 臺日關係 2.CST: 外交政策 3.CST: 文化研究

578.3133 113009749

ISBN 978-626-396-539-3
Printed in Taiwan

時報文化出版公司成立於一九七五年，
並於一九九九年股票上櫃公開發行，於二〇〇八年脫離中時集團非屬旺中，
以「尊重智慧與創意的文化事業」為信念。